Dinâmicas Secretas dos Relacionamentos Amorosos

Renato Rogerio Marques
11/11/2020

Sumário

Dedicatória.

A maior parte do senso comum não aborda de maneira eficaz como o comportamento humano funciona. Talvez isso se deva ao fato de que as ciências mais conhecidas como biologia, química e física são ensinadas nas escolas e aparecem muito em programas de TV, enquanto a psicologia, filosofia, ciências comportamentais e evolutivas apenas uma pequena parte da população tem acesso a nível mais profundo. Outro problema, é que mesmo a parte que tem acesso, não consegue absorver muito do conhecimento porque vai de encontro ao que aprenderam ao longo da vida. Há mecanismos no nosso corpo que impedem uma mudança abrupta de crenças antigas.

Sendo assim, o conhecimento novo a cerca de como as pessoas funcionam é rechaçado logo em suas premissas. Isso pode ser facilmente comparado ao que ocorre na alegoria da caverna de Platão.
Um prisioneiro que passou a vida inteira na caverna, quando vê a luz e descobre que há um mundo lá fora, ele se assusta. Caso ele explore esse mundo e volte para contar isso para os demais prisioneiros, seria chamado de louco por eles. Um outro paralelo seria a mesma noção do filme Matrix. Alguém que passou a vinda inteira acreditando que o mundo era de um determinado jeito, quando descobrir o contrário, irá se negar adquirir novas informações, preferindo se apegar a verdade confortável que já conhecem.

As pessoas do senso comum têm ideias muito enraizadas de como funcionamos, alegando sempre em favor da ''razão humana'', ''livre arbítrio'' ou ''caráter'', sem nem mesmo saberem o que é isso a nível orgânico e ou se perguntarem suas mecânicas. Quando alguém faz uma escolha, o que aconteceu dentro do organismo pra essa pessoa escolher uma coisa em detrimento de outra? Já pensou sobre isso?

Sendo assim… movimentos progressistas do politicamente correto tentam dizer o que é o correto sem base científica alguma. Simplesmente porque está de acordo com a própria noção do que é correto e não em concordância com a verdade de como eles próprios funcionam. Afinal, a matemática e biologia todos tem uma pequena noção devido ao colégio, então se falar besteira logo será criticado. Mas as ciências comportamentais que é uma ciência quase oculta da população, a maior parte das pessoas consegue falar besteira sem serem questionadas com respaldo cientifico.

Isso vira um colapso gigante quando aplicado nas esferas dos relacionamentos. Homens crescem acreditando que devem tratar e viver com as mulheres de uma determinada forma e assim serão bem-sucedidos. Quando aplicam na prática, são repudiados e humilhados. Mulheres que tem uma ideia muito errada de como elas mesma funcionam, seguem suas ideias e vontades imediatas sem auto avaliação. Logo, enjoam das relações, se veem frustradas sem saber o porque (quando não acabarem com um cara violento e perigoso). Isso quando não ocorre de noções equivocadas do senso comum serem um manual para acabar com uma relação, até provocando traição de ambas as partes (e sim, vocês verão que atitudes, de qualquer tipo, não dependem somente dessa entidade metafísica que o senso comum chama de ''vontade'', ''razão'' ou ''caráter'').

Depois de ver tantos relacionamentos belos indo ao fracasso. Pessoas boas se encontrarem em momentos desesperadores por julgarem a natureza humana de forma errada. E em alguns países uma grande adesão aos movimentos Mgtow (onde os homens escolhem nem mais ter contato com as mulheres). E ouso dizer, ver nossa sociedade indo a um colapso iminente das relações numa infantil guerra dos sexos. Os textos aqui descritos podem ser a salvação pra muitos homens (e até mesmo mulheres), que não querem acabar numa vida de celibato e solidão.
Dedico essa obra a todos que ainda sonham e ainda tem esperança de uma boa relação, e pretendem fazer esforço pra alcançar isso.

Como esse livro pode ajudá-lo e o que será ensinado?

De forma resumida, esse livro mostrará certos mecanismos comportamentais da mente humana que podem ser aplicados da sedução, nos relacionamentos e se for criativo até nas amizades.

Entre essas mecânicas, vamos mostrar como você consegue instalar desejo, amor, respeito, tesão, confiança, sobre uma óptica essencialmente comportamental e evolutiva.

Também será ensinado detalhadamente sobre tudo que ocorre do flerte até as relações. O que faz um flerte ou relação dar certo ou errado. E o que você pode fazer para obter maior sucesso em suas conquistas e ter uma boa relação.

As mecânicas comportamentais e dinâmicas mentais explicadas nesse livro, são explicadas em sua natureza (sua equação), então você poderá usar as variáveis para criar suas próprias técnicas. Explicando melhor, mostramos como elas funcionam e mostramos exemplos, assim você pode usar sua criatividade e pensar como usá-las para diversos objetivos seguindo apenas o princípio original.

Embora seja focado em relações amorosas e flerte, muitas técnicas desse livro podem ser aplicadas em demais esferas da vida. Como por exemplo, as noções e técnicas que criam vínculo emocional na garota pra ela se sentir confortável em se entregar para você no sexo ou para fazer ela confiar em você na relação, muitas delas podem ser usadas para criar vínculo com um cliente e fechar um negócio.

Este livro também te ensinará avaliar os pontos fracos da sua relação e no que você deve se focar para mantê-la saudável.

Este livro possui bases científicas empíricas e rigorosas (como material da psicologia comportamental, psicologia evolutiva e PNL) e também métodos que já foram testados em larga escala no mundo todo, replicados inclusive em ambiente controlado. Para provar isso, no final do livro, de forma detalhada, será explicado onde achamos cada uma das informações, o que por si só será um belo material de referência para aprofundar nesses estudos (e acredite, só a presença de tal guia já é suficiente pra esse livro ter valido a pena). O leitor notará que algumas das obras não foram feitas por cientistas comportamentais (embora a maior parte seja), recomendo fortemente que mesmo essas obras (e principalmente essas obras), você teste na prática antes de rechaçar suas informações contidas, pois elas valem ouro! E pelo fato de não dependerem de um método ou ética, conseguiram se aprofundar mais em seus estudos e tiraram conclusões sem efeito da censura. Mesmo o material não científico desse livro ainda foi testado em larga escala no mundo todo. Se não acreditar, basta estudar a fundo e ver por si mesmo.

As diferenças do que é ensinado no senso comum e a verdade acerca das relações:

A natureza humana.

O primeiro ponto a se aprender é como a natureza humana realmente é. Se a compreendermos em sua essência, podemos entender como relações funcionam. E portanto a natureza das escolhas, na sedução, no amor, do que mantêm ou não relações e amizades.

No senso comum, costuma-se acreditar que o ser humano é puramente racional. Que é capaz de avaliar tudo pela lógica. Pensar. E por sua vez, fazer uma escolha, baseado puramente em sua vontade pessoal. Daí costumamos ouvir falas como ''fez porque quis'' ou ''o ser humano é racional''. Essa ideia não poderia estar mais errada! O ser humano não é assim tão livre, nem no ato de escolher e agir, nem no ato de pensar.

A tão exaltada ''razão'' não é mais do que a capacidade de reconhecer padrões capitados pela atenção. E a ''escolha'' não é mais do que um processamento de dados obtidos, organizados em equações, o que resultam numa interpretação, e portanto numa ''escolha''. Dados diferentes nessa equação resultam em diferentes resultados, então, diferentes escolhas. Escolha essa que nem sequer está no controle da pessoa. Já que o autocontrole também faz parte da equação, como será explicado no tópico que falaremos sobre ''fidelidade''.

Dito essa premissa, vamos falar de forma mais completa e explicar melhor o que queremos dizer.

Pensemos por um instante. Nós pensamos por um órgão correto? O cérebro. Sendo um órgão, ele possui um sistema pra funcionar. E se é esse sistema que resulta nosso pensamento, não é a gente que o controla o pensamento, é o inverso, o resultado do sistema de processamento de dados que gera o pensamento. Percebe? Você não controla seu cérebro, ele te controla. E o cérebro é controlado por dados. Logo, dados controlam o cérebro que te controla. Você está a mercê de cada pequeno estimulo, experiência, dados, informações, internas e externas que geram a sua interpretação da realidade, escolhas, conclusões, pensamentos, etc.

Entre esses sistemas comportamentais e mentais, podemos citar dois autores de teorias distintas de divisão da mente. Mas que podem (e devem) coexistir na hora de avaliar relações. A visão de Sigmund Freud, pai da psicanálise. E a visão de B.F Skinner, pai da filosofia do Behaviorismo Radical que originou a ciência da análise do comportamento (uma das ciências mais rigorosas quanto ao método científico quando se trata de estudar a natureza humana).

De acordo com Freud. A mente humana é dividida em:

Inconsciente (ou ID) – O inconsciente, como o próprio nome sugere é a parte da mente que você não tem acesso. No inconsciente todas suas memórias estão registradas. Ali há todas as mecânicas e impulsos que te fazem pensar e agir. Isso porque o inconsciente influencia todas as demais estruturas. O ID rege os impulsos básicos da natureza, por exemplo os comportamentos evolutivos como instinto de sobrevivência, fome sexo e desejo sexual. Até mesmo desejos aprendidos (que Freud chamou de pulsão) e desejos ocultos (os que você tem, mas não sabe que tem, e te impulsionam a obter esse desejo sem saber que o está fazendo por isso). O inconsciente também pode gerar filosofias de vida e regras internas que você mesmo não sabe que segue, as segue religiosamente. O inconsciente pode influenciar até a forma como você raciocina ou percebe as coisas. Como já pode ver o ser humano não é assim tão racional. Já que maior parte do que controla ele, o próprio não tem acesso.

O Ego – O ego é por usa natureza sua mente pensante e consciente. A parte lógica que avalia. Media o que você pode ou não fazer, sempre ponderando. Aqui seus conhecimentos e comportamentos ganham forma. E a única parte que você realmente controla, é uma fração do ego.

Super Ego – Essa estrutura rege seus princípios, como seu caráter, moral, ética e demais ideias. As regras geradas no inconsciente ganham forma no super ego. O super ego que impede por exemplo, o ID de forçar o Ego a seguir o desejo inconsciente de matar, trair, roubar, enfiar o dedo num bolo de aniversario, estuprar quando sentir desejo, etc. Todavia, como verão ao longo desse livro (principalmente na parte sobre infidelidade), é possível anular o super ego de alguém dada as circunstâncias certas.

Podemos concluir então, que em questão de poder e controle, a estrutura mais dominante é o ID. O inconsciente é que rege quase tudo sobre você. E ironicamente, a ele não temos acesso, ele é oculto da consciência.

Já segundo Skinner. Fundador do behaviorismo radical que gerou a ciência da análise do comportamento. O comportamento e mente (lembrando que pra Skinner a mente é uma forma de se comportar, então é a mesma coisa) é dividido em:

Comportamentos evolutivos (filogenéticos) – São os comportamentos que fazem parte da natureza humana. Nascemos com eles. E todas as pessoas têm igualmente, independente de gosto ou caráter. Está na nossa genética. O que também quebra o mito de que ''não pode generalizar''. Isso porque os comportamentos de natureza evolutiva foram colocados em nosso corpo por meio de seleção natural e evolução. Foram traços necessários para que nossa espécie sobrevivesse em tempos remotos, se tornando uma característica da espécie humana. Todavia, como esse processo é demorado (demoras milhares de anos), mesmo que a sociedade tenha evoluído e não precisemos mais de determinados traços, eles continuam a existir nos nossos corpos como uma característica da espécie. No instinto. E assim, continua a nos influenciar a agir, pensar e tomar decisões a partir do inconsciente. Mais uma vez, quebra a ideia que o ser humano é racional. O próprio ato de pensar e decidir são influenciados pelo instinto. Skinner em outras obras como ''comportamento verbal'', mostra como a mente racional está a mercê dos instintos. Então, o instinto, o inconsciente, controla sua razão, não o contrário como o senso comum prega. O único motivo que faz parecer que estamos pensando livremente, é porque não temos acesso ao nosso próprio inconsciente e a as pessoas não conhecem as mecânicas que nele existem. Mas uma vez conhecidas tais mecânicas, o pensamento e comportamento humano, pode ser previsto, controlado e até mesmo condicionado. Que alias, é o que a ciência da análise do comportamento já faz, prova e estuda a tempos.

Comportamentos aprendidos – A ciência da análise do comportamento proposta por Skinner foi capaz de mapear dezenas de equações que mostram como o pensamento, comportamento e emoções são modelados a partir de interações com o meio. Conforme o ser humano interage com o mundo, esse mundo o modela. Essas equações regem suas escolhas, decisões, gostos, etc.

Sendo assim, dê dados diferentes ao um indivíduo, ele toma decisões diferentes e tem pensamentos diferentes. Coloque ele sobre X circunstancias e seus hábitos, personalidade, caráter, e todos os seus traços sofrem alterações. Ao longo deste livro aprofundaremos bastante nessa questão.

Mas entenda que apesar de massacrante parte do comportamento ser evolutivo, boa parte é aprendido. E aqui mora a diferença entre as pessoas. As equações que as regem são iguais (afinal, ambas são humanas), mas as variáveis são diferentes. Uma pessoa pode gostar de uma determinada música por lembrar do primeiro beijo, enquanto outra pode gostar de outra música por ser de um filme. Mas perceba, ambas estão fazendo a música convocar algo prazeroso em seu corpo a partir da memória. Então a equação é a mesma.

Antes que o leitor questione ''E pessoas que cresceram juntas no mesmo ambiente e se tornaram pessoas diferentes?'' Simples. Porque não cresceram no mesmo ambiente. Talvez arriscaria dizer ''nem no mesmo mundo''. A noção de ''ambiente'' nessa ciência é mais complexa.

E isso porque Skinner também divide o ser humano em (simplificando):

Biológico – O corpo. Desde a química cerebral e física, traços corporais, diferente apuração dos sentidos, etc. Toda a diferença do biológico faz com que dois indivíduos percebam tudo ao redor de forma diferente, são afetados de forma diferente e tem diferentes graus de emoções. Então mesmo duas pessoas, num mesmo sofá, vendo um mesmo filme, não estão tendo a mesma experiência. A percepção pelos sentidos é diferente, e também a química do corpo que rege as emoções, impulsos e reflexos internos que o corpo tem. Então o ''ambiente não é igual'', porque os afeta de formas diferentes.

A parte influenciada – O ambiente que influência a matéria prima do biológico. E com essa influência, entenda também que mesmo duas pessoas num mesmo sofá, não estão sendo influenciados da mesma forma, porque a influência ambiental não tem como ser igual. O reflexo ao na TV ao ver o filme, poderia bater mais pra um do que outro, ou uma das pessoas podem estar sentada num lugar mais duro do sofá que outra. Então a noção de influência é muito mais sútil e delicada. Além disso, os próprios conjuntos de experiências passadas anteriormente podem mudar a forma que duas pessoas vivenciam um mesmo estímulo.

Tudo isso foi dito para que o leitor tenha uma vaga noção de como o ato de escolher, se comportar, pensar e ate mesmo amar é complexo. E da mesma forma que é complexo, não é simplesmente ''livre''. Possuí uma lógica.

O que as mulheres realmente gostam e o que buscam nos parceiros?

Agora a gente precisa acabar com os mitos acerca do que as mulheres gostam e o que querem dos/nos parceiros.

Quando vamos para o senso comum, comumente encontramos duas versões. A das mulheres, que dizem querer um cara romântico, cavalheiro, educado, sensível, que não seja ciumento, que a deixe livre, e todo esse lance de cara bonzinho. Quando vamos pra versão dos homens, muitos acreditam que as mulheres são interesseiras, que buscam dinheiro, que gostam de marginais bad boys, que preferem simplesmente caras bonitos, caras que as tratam mal e coisas assim. Acho que todos aqui já vimos mulheres dando conselhos e homens reclamando, certo?

Embora aja um pouco de verdade em ambas as versões, ambas ainda estão bem longe da interpretação real. E sim, as mulheres cometem erros ao avaliarem a si próprias. Todos na verdade cometemos erros assim. Se conhecer é a algo de fato muito difícil. Primeiro porque vários dos mecanismos da mente ocorrem em nível inconsciente (ou seja, você mesmo não tem acesso a como você funciona), e entre esses mecanismos, alguns que inclusive moldam a sua forma de interpretar as coisas e modelam seu raciocínio (vários serão explicados ao longo deste livro).

Quando homens e mulheres falam sobre o tema, eles estão simplesmente raciocinando com base nos padrões que a mente consciente percebeu. Seja ao próprio respeito (no caso das mulheres), seja a respeito de outra pessoa (no caso dos homens), mas note... Não é porque a mente consciente percebeu este padrão, que ele seja toda a extensão do processo (na verdade, pode ser um padrão até equivocado, e quase sempre de fato é. Já que o processo real é muito sutil e quase sempre inconsciente). Por isso quase sempre quando se segue conselhos de mulheres sobre conquistar mulheres, quase sempre dá errado.

Bom, então voltando ao título do capítulo, do que elas gostam e buscam de fato num parceiro?

No geral, são 4 questões, que se subdividem em várias características.

1- Satisfazer o instinto base.

A primeira coisa é a satisfação do instinto base. Lembra que citamos que impulsos da mente vêm do inconsciente e que uma parte do comportamento humano tem origem evolutiva e é universal?

Pois bem. As mulheres têm o instinto de selecionar o melhor parceiro para procriar e lhe dar segurança. Isso porque nos mundos primitivos, antes mesmo das civilizações, quando o ser humano vivia em tribos pequenas, se uma mulher fosse engravidada por um homem e este a abandonasse, certamente a mulher e o filho morreriam. Da mesma forma, as mulheres não tinham forças para caçar ou se defender. O que ocorre então é que o instinto de procriação e sobrevivência é atrelado ao desejo. Então todo o instinto primitivo do desejo feminino é buscando o melhor macho, com status de sobrevivência, proteção e procriação. Note que num mundo primitivo, esse macho com maior qualidade era sempre o líder do bando, então todos os traços que forem atribuídos a um líder em um mundo primitivo e anarquista se aplicam ao desejo feminino. O que explica por exemplo, a competitividade feminina (já que o líder era o que poderia oferecer comida, proteção de outros machos e animais ferozes, abrigo, respeito, etc. Todas as mulheres competiam pelo mesmo homem, o Alpha do bando).

Então em resumo, tudo que favorecesse um homem em um mundo primitivo e tornaria ele um líder, são os traços que atraem as mulheres hoje. Isso porque como o instinto é impregnado na genética humana e necessária a sobrevivência, mesmo que mundo tenha evoluído, a natureza não acompanha. E a razão continua a ser influenciada a partir de inconsciente sem que elas próprias não tenham conhecimento disso.

Se quer ser desejado, ser sexualmente atraente pra elas e que sua mulher seja devota e dedicada a você de forma fiel, basta fazer com que ela perceba essas características em você. São as chamadas ''características de valor'', ''mecanismos de valor'' ou ''mecanismos de atração''. A boa notícia, é que mesmo que você não tenha essas características, você pode fazer o inconsciente dela entender que tem, basta que ele perceba de forma sutil alguns desses traços (vamos explicar como fazer isso no capítulo sobre flerte). A má notícia, é que se acidentalmente você demonstrar mesmo que de forma sutil algum traço contrário, ela perderá o desejo e sentirá aversão a você. Os chamados ''mecanismos inversos de atração''.

A outra boa notícia, é que se você demonstra um mecanismo de valor inverso, outro atrativo pode compensar seu erro. Basicamente é uma queda de braço.

Mas adiantando, alguns exemplos de características que elas buscam seriam:

Saúde: Tudo que é atribuído ao vigor e resistência física. Músculos, comer bem, cabelo e barba bonitos, ter fôlego, etc. Os inversos seriam ser calvo, ser muito magro, gordo, etc.

Proteção: Tudo que lhe atribuir poder e poderia ser usado para protegê-la se preciso. Ser alto, saber lutar, ter algo que intimida outros homens, ser cuidadoso com ela, ter aparência intimidadora, etc. Obs: Nem sempre as mulheres se sentem protegidas pelas mesmas coisas.

Pré-seleção: Já ter previamente sucesso com outras mulheres ou ter mulheres na sua vida, até mesmo muita experiência sexual. Isso porque o líder geralmente tinha várias interessadas nele, isso ativa o instinto de competitividade feminina. "Se ele é desejado, então ele é o alfa''. Esse é provavelmente o mecanismo de atração mais forte, porque descarta outros mecanismos, faz ela confiar no julgamento das outras mulheres.

Confiança: Lideres obviamente são confiantes, e uma atitude confiante faz ela se sentir dominada. Na percepção dela o homem soa mais poderoso e portanto mais atraente.

Proteção da família, amigos, animais e crianças: Você ser alguém que protege seus aliados, entes queridos, é cuidadoso com mais fracos, isso é visto como algo amável e alguém de confiança. No contexto primitivo, isso mostra que você vai cuidar da prole dela quando ela ficar grávida. Sendo assim, ela não vai ser morta por animais ferozes ou ser estuprada por outros homens sendo que você está ali pra ela. Perceba, isso se aplica mesmo em num flerte casual numa boate, porque é um impulso do inconsciente. O ID que está tendo esse raciocínio, não a razão.

Fartura: Ser bem-sucedido, próspero, ter ar elegância, ser dedicado ou o melhor no que faz, etc. Isso porque novamente é atribuído a fartura de um líder. Em teoria esse homem vai poder cuidar dela e do filho. Daí vem o mito de que mulheres são interesseiras. Mas elas não têm culpa, elas nem sentem atração por isso racionalmente (e as que dizerem que não, provavelmente estão reconhecendo um padrão erroneamente. Provavelmente porque lembraram um cara arrogante que as trataram mal ou tentaram se gabar, o que é um mecanismo inverso de atração de querer se provar). Perceba que apesar do dinheiro e fartura estarem causando atração, ela quer o homem que tem o dinheiro, não o dinheiro em si. Porque isso o torna um homem sexualmente atraente com a imagem de ''líder''.

Popularidade: Ser sociável, ter muitos amigos, falar em publico bem, etc. Bons líderes têm aliados afinal.

Liderança: Ser o centro das atenções, conseguir cativar todos e fazerem se focar em você, as pessoas seguirem, gostarem de você, te querer por perto ao mesmo tempo que você gosta de tomar a frente.

Autossuficiência: É irônico, mas mulheres gostam de homens que não precisam delas. Homens que não são carentes são seguros de si, não precisam se provar, estão cagando pra opinião delas, etc. Isso porque num mundo primitivo um homem que era lidar da tribo já tinha um harém e ele não precisava dizer que era o líder, todos já sabiam. Então não precisava ficar provando seu valor ou tentando agradar. Por isso que homens com dinheiro, ao tentar mostrar dinheiro pra ganhar a garota, faz elas fugirem (as que não querem aplicar golpe), o ID entende que ele não é autossuficiente, que precisa se provar e portanto é uma farsa. Homens que seguem a filosofia do movimento Mgtow (de não querer mulheres em sua vida, seguir o próprio caminho), justamente por serem os únicos a dizerem não a buceta delas e ficarem bem sozinhos, se tornam atraentes.

Emoções: Essa é ao mesmo tempo uma mistura de instinto (porque muitas vezes as mulheres eram realmente ''dominadas'' para procriar, para não falar estupro, o que acabou fazendo o corpo se adequar a certas emoções que surgem na ''entrega, submissão e masoquismo''). O instinto se mistura a química corporal feminina, que privilegia certos tipos de emoções em detrimentos outras emoções. As mulheres por exemplo, sentem mais saudade que os homens, todavia são menos agressivas se comparadas aos homens. Questão de química corporal. Mas a questão é, mulheres desejam homens que fazem elas terem mistos de emoções, boas e ruins, de formas variadas e em grandes quantidades. É daqui o mito de que elas gostam de badboys e quem as tratam mal. De fato eles dão emoções fortes o suficiente para conquistar elas. Mas perceba, você não precisa ser badboy, apenas dar uma emoção tão forte quanto um daria. Um cavalheiro poderia fazê-lo exatamente igual, só precisaria saber como.

Não reatividade: Você não se abalar por críticas, jogos mentais, medo de perdê-la (precisa ser autossuficiente neh) e questões do tipo. Ser inabalável é um ponto fundamental. Mesmo que você precise se impor, deveria falar de forma calma e confiante. Nunca ficar nervoso, chorando, gritando e coisas do tipo. ''Confiança, fria e firme'' define ''não reatividade''. Não caia nessa de que mulheres não se importam de homens chorarem (elas não se importam racionalmente apenas, no inconsciente é outra história. E as emoções são o que mandão. Se chorar na frente dela o ID te vê como fraco).

Perspectiva de futuro: Ela deve ver que pode ter uma família com você. Mesmo que não tenha interesse em ter uma família (lembra? É inconsciente!), então por exemplo, mostre que pode ser um bom pai, tem chance de crescer na vida e sustentar ela (sim, sabemos que mulheres trabalham e não precisam do seu dinheiro, mas de novo, instinto) e é claro, que você é fiel. Por isso homens desempregados ou casais que tem problemas financeiros tendem a se separar. Por isso também que mulheres não suportam infidelidade. Num mundo primitivo, isso quase sempre significa a morte, pois esse homem poderia dar o alimento para outra mulher em vez dela. Ou não conseguir a caça e todos morrerem de fome.

Comportamento de forma geral: Olhar nos olhos, linguagem corporal, gesticulações, timbre da voz, atitude na hora de beijar, atitude na hora de tocar, pegada firme, etc.

Ter maior valor que ela: Entenda, nenhuma mulher vai querer um homem que esteja abaixo dela em Status social. Todavia perceba, esse ''Status'' não é financeiro, é um valor que varia de garota pra garota. Faz parte do instinto delas querem alguém que é melhor nos nichos que ela admira. Por exemplo, se ela se julga inteligente e admira intelecto, vai querer um homem mais inteligente que ela. Se admira popularidade, vai querer alguém mias popular. Se ela é do tipo vaidosa, vai querer um homem mais esteticamente atraente, e ai vai.

O leitor pode questionar agora:
''E as mulheres bonitas que casam com homens feios?'' Simples, provavelmente esse homem tem outro valor social que supre o defict que ele tem. Como veremos no capítulo sobre como são as mecânicas do flerte e das relações. Um valor pode cobrir o falta de outro. Da mesma forma, pode ser que embora essa mulher seja ''bonita'' e deseje sim beleza no parceiro, pode ser que beleza não seja o tipo de status principal que ela busca no parceiro. E sim, ocorre.

Como pode ver, embora o esse último tópico se refira ao desejo instintual de buscar um homem com maior ''status'', o conteúdo desse status é subjetivo. O que difere dos tópicos anteriores.

2- Satisfazer os desejos aprendidos.

Não há muito que falar aqui. Se os traços a cima são universais e aplicados as todas mulheres pois são traços da espécie. Os traços e desejos aprendidos são onde há a individualidade das mulheres. As mulheres (assim como os homens), buscam alguém com gostos, hobbies, e formas de pensar parecidas. Da mesma forma, mulheres podem adquirir desejos pessoais, por um traço ou outro em específico. Talvez fetiches e coisas do gênero. Aqui não tem como prever, de fato observe ela e veja o que ela valoriza.

Entretanto… Dificilmente um comportamento aprendido anula um comportamento de caráter evolutivo. Skinner na obra ciência e comportamento humano, cita que os comportamentos aprendidos podem anular a manifestação dos evolutivos, mas não os retira do organismo.

Em outras palavras, uma mulher pode ter namorado só homens baixos e desenvolvido um gosto pessoal por homens baixos. Mas se aparecer um homem alto com outros traços de valor, esse valor evolutivo de ser alto vai pesar pela primeira vez.

Então se um valor aprendido for contraditório a um valor evolutivo na fala dela. Aposte no valor evolutivo.

3-Satisfazer as Auto regras.

Lembra que citamos que algumas programações do inconsciente podem programar sua forma de pensar e até modelar a forma que você vê as coisas? Uma dessas programações são as ''Auto regras''.

Auto regras é um termo da análise do comportamento que significa ''uma regra regida para si mesmo''. Funciona da seguinte forma: em algum momento a pessoa vivência uma sequência de eventos ou lê uma informação com grande concentração, o corpo dela vai registrar isso como um padrão. Então o corpo, rege uma regra para o próprio corpo, que vai controlá-lo a nível inconsciente.

Quando a pessoa obedecer a própria regra. Ela sente um sentimento de satisfação, orgulho e bons sentimentos (enfim, uma ''auto recompensa''), e auto regra se fortalece. Se ela quebra a sua própria auto regra, ou vê alguém indo de encontro a sua própria regra, o corpo libera uma ''autopunição''. Pode ser ódio, rancor, medo, raiva, ansiedade, nojo e até mesmo dor física (que quando vem em forma de dor, é brutal). Já que o corpo considera isso um alerta de perigo, pois está julgando que aquele padrão antigo registrado está seguindo para o caminho ruim.

Por exemplo, quando as pessoas sentem ódio de um caso de pedofilia, o pedófilo quebrou uma auto regra da sociedade de respeitar crianças. Daí a auto regra se ativa causando esse sentimento de revolta. Quando uma pessoa que tem um senso de caráter bem forte como ''não roubar'' e vê um crime o mesmo ocorre.

Moral, fanatismo religioso, ética, noções de certo e errado. É tudo permeado por auto regras.
Racismo, homofobia, xenofobia, também são exemplos de auto regras.

Note que o movimento feminista em grande parte faz exigências voltadas unicamente a satisfação de auto regras no sentido de ''é ruim porque me afeta'' ou ''se me fere serei resistência'' (deixo o leitor pensar quais).

Existem até algumas mais simples como por exemplo, existem páginas no facebook que mostram pessoas com gostos estranhos para comida (como misturar goiabada no feijão), e mesmo que não faça sentido lógico algum, as pessoas se irritam com quem faz isso porque é fere a auto regra de não misturar essas duas coisas, pois sabemos que é ruim. Então o corpo já reage antecipadamente.

Perceba: Auto regras são inconscientes então não é possível ter acesso, apenas com conhecimento delas após uma profunda auto avaliação. É um reflexo automático, então não existe forma de controle (se isso fosse possível não existiria a maior parte dos transtornos mentais). Perceba também que auto regras são o que comumente é chamado de ''caráter''. Quando se diz que uma pessoa tem caráter, estamos apenas dizendo que as auto regras dela são fortes. Mas não confiem só nisso, elas podem ser dribladas e anuladas como falaremos no momento apropriado.

Bom, e porque esse tópico inteiro para falar de auto regras? Simples, uma mulher jamais ficará com um homem que pise nas auto regras dela. E vão exaltar quem as segue. O mesmo vale pra homens também. Então se uma coisa que se deve ter cuidado, e já mais pisar numa auto regra da sua parceira. Alias, se você notar auto regras dela contrária as suas, nem tente flertar, a chance de uma briga brutal é gigante.

4 – Satisfazer as nuances da relação.

Uma relação possui nuances são ligadas aos 3 fatores anteriores. Ela é mantida por polos:

Atração – A atração é criada principalmente pelos traços evolutivos e demonstrações desses.
Emoção – Mulheres são movidas por emoções intensas. Seja de momentos românticos a momentos de dominação (sendo firme em uma decisão por exemplo). Quanto mais emoções variadas melhor. Se não fizerem coisas novas, ela enjoa e o perde desejo por você. Da mesma forma, se sentir que você foi complemente conquistado, ela perde a emoção da sedução, e por tanto o tesão em você. Haverá vários tópicos focados exclusivamente em emoção em diversos capítulos.
Conforto – Sentimento de aconchego, confiança, vínculo sentimental com o parceiro, sentimento de proteção e segurança. Também gerado pelos desejos aprendidos e satisfação das auto regras.

Esses 3 polos devem existir sempre numa relação, e são o segredo pra seduzir uma garota, obter sexo e também pra manter a relação. Exploraremos esses pontos no capitulo sobre flerte e relações.

Como ocorre todo o processo, do flerte ao namoro

O autor Erik von Markovik (também conhecido como Mystery), através de vários experimentos sociais, conseguiu descobrir um padrão, uma equação para o desenvolvimento de uma teoria da sedução concisa, aplicável, experimentável e replicável. Que de fato encaixa muito bem com o que a psicologia já conhecia até então. Ele descreveu seu método em um livro conhecido como Mistery Method, onde é explicado mais a fundo todo o processo com uma riqueza de detalhes impecável. Vale lembrar que Mistery teve milhares de alunos no mundo inteiro, que aplicaram e replicaram seu método (incluindo registros em vídeo), o que permitiu uma comprovação praticamente científica de sua veracidade.

Mas em resumo, o flerte segundo o Mistery Method é dividido em etapas. Abertura, atração, conforto e sedução.

Abertura

A abertura é o momento onde você tem o primeiro contato com a garota. Seja via internet (Tinder, Facebook, whatsapp, etc), seja numa abordagem pessoalmente (que, aliás, é o recomendado).

A função da abertura é simplesmente começar um diálogo com a garota. Uma vez que você comece um diálogo e tem a atenção dela, é possível fazer ela ficar atraída por você. Que é a próxima etapa.

Mas como fazer ela entrar num diálogo?

Qualquer coisa aqui pode ser usada. Você pode:

Simplesmente perguntar as horas.
Inventar uma história de que está querendo comprar um presente pra sua sobrinha que te adora e pedir um conselho.

Pode comentar algo que aconteceu no lugar.

Até dizer diretamente que gostou do estilo dela e veio conhecê-la, que ela lembrou alguma personagem, etc.

A sua primeira fala só tem a função de ganhar a atenção dela.

Todavia é importante que neste momento você tenha:

Uma boa linguagem corporal: Peito aberto, cabeça erguida, olhe nos olhos, gesticule e fale devagar e claro. Mantenha as mãos a mostra, sorria e pareça relaxado.

A linguagem corporal já havia sendo estudada, desde as pesquisas de Charles Darwin, que estudou o comportamento animal na hora de cortejar a fêmea. Algo que foi explorado a fundo na psicologia evolutiva desde então, sobretudo nas obras contemporâneas de David Buss (PHD em psicologia evolutiva). Em suma, uma boa linguagem corporal instiga impulsos primitivos, de que você é um espécime de valor elevado. Todas as outras técnicas de movimentos corporais deste livro tem relação com isso.

Não seja confrontador: Não vá direto até ela, nem jamais chamc por trás, apenas em diagonal. Do contrário causa susto. Um truque também, e puxar assunto estando com o corpo virado de lado, por cima do ombro. E depois de responder, virar o corpo.

Dar pista falta de tempo: Dizer que não demora ou que vai se encontrar com alguém, assim faz a pessoa relaxar.

Esteja na mesma linha de visão dela: Se ela está sentada, se agache e não demore se sentar. Se ficar muito tempo numa linha de visão diferente causa incômodo.

Prepare transições: Saiba o que vai falar em seguida. Você deve ter ganchos a disposição. Ganchos são palavras de um diálogo que podem te levar a um outro diálogo com outro tema. Por exemplo, na fala de pedir ajuda pra escolher um presente pra sua sobrinha, você poderia usar um gancho de ''isso me lembra'' e falar de uma história engraçada da sua infância. Ou ''a propósito'' e perguntar algo sobre a pessoa relacionado ao tema. Ganchos são o truque pra fazer conversas fluírem e direcionar para o ponto que você quer. Então planeje falas que podem usar ganchos de transição antecipadamente.

Dica: Um truque muito interessante para ficar bom em usar ganchos naturalmente e não precisar planejar, é fazer o exercício de algumas vezes por dia, abrir um livro, sortear alguma palavra aleatória e tentar usar essa palavra de gancho pra alguma história ou comentário. Isso treina a capacidade do seu cérebro de improvisar.

Usar Rapport: Rapport é uma técnica da psicologia que causa um vínculo emocional com a pessoa. A pessoa sente que te conhece e fica confortável na sua presença. Você pode fazer isso copiando vagamente a postura corporal da pessoa e fazer gestos parecidos sem ela perceber, alguns instantes depois dela fazer. Usar um tom de voz parecido, copiar gírias e as escolhas de palavras dela. Se mover e falar no mesmo ritmo. Também é interessante direcionar a conversa pra algo que a pessoa gosta de falar (se no visual dela, ela mostra gostar de rock, você pode falar sobre isso. E pessoas que gostam de rock, costumam gostar de outras culturas alternativas, terror talvez? Explore!).

Segundo o artigo científico: ''Rapport: Aspectos Científicos e Contemporâneos'' de 2020 foi realizado um experimento onde dois grupos de participantes interagiam com desconhecidos. Um dos grupos recebeu instruções para imitar gestos e palavras dos seus parceiros. No fim, foi pedido que as pessoas imitadas dessem uma nota do quanto gostaram de conversar com aquela pessoa. Os que foram imitados deram as notas mais altas para seus parceiros se comparado com os que não foram imitados. Isso ocorre porque temos algo chamado Neurônio espelho, que são neurônios especializados em copiar comportamentos de outras pessoas. E quando ocorre, causa sensação de similaridade e afinidade para com a pessoa. O mesmo se a outra pessoa estiver fazendo algo que é familiar para você (copiando seus comportamentos). Essa sensação de afinidade e similaridade por meio da cópia é uma programação do nosso DNA. Os efeitos do Rapport serão mais explicados na fase do conforto onde ele brilha mais.

Não fazer parecer que o valor dela é maior: Lembra das questões evolutivas que citamos no capítulo anterior? Mulheres querem homens que tenha status maior que o dela e são autossuficientes, que não precisam agradar. Devido estrutura da natureza onde homens que flertam as mulheres e elas são admiradas só pela beleza, quase sempre elas vão ter status maior naturalmente. Então fazer elogios aqui, parecer carente ou qualquer coisa do gênero é um tiro no pé. Ser mais neutro em relação ao desejo por ela é até o ideal nessa etapa.

Bem, uma vez estabelecido um diálogo e a conversa fluindo, é hora de fazer ela começar se sentir atraída. Como dissemos por natureza elas tem valor maior. Então, é hora de aumentar o seu valor perante ela, pra fazer ela se sentir atraída por você. Seu interesse por ela só deve aparecer após ela demonstrar o interesse primeiro.

Essa fase onde a conversa fluí e você faz ela despertar desejo, é a fase da atração (dela por você).

Fase de atração.

Pra fazer ela se sentir atraída por você, vai fazer uma coisa chamada ''demonstração de valor''. Existem muitas formas de demonstrar valor. Algumas formas são:

Colocar demonstrações de valor evolutivas veladas na conversa. Lembra que citamos os traços evolutivos que as mulheres buscam? Se eles forem colocados de forma sutil dentro do diálogo, o corpo dela vai captar e começar sentir atração por você.

Lembre-se que segundo Freud, o inconsciente capta tudo, enquanto o ego (a consciência) filtra. Da mesma forma, lembre-se que é o inconsciente que causa impulsos de desejo. Então faz todo sentido que os mecanismos não precisem aparecer diretamente a consciência, mas velado, para agir no inconsciente.

Por exemplo, se você usar um gancho e começar a falar ''Teve uma vez, que tinha um funcionário la da minha empresa, muito gente boa ele, ai eu chamei ele pra beber depois do expediente. O cara trabalhava de mais, merecia um descanso. Ai a gente começou beber e nos empolgamos. Caraaaa ele ficou muito animado! Começou falar de uma garota que ele gostava e não tinha coragem pra abordar. E eu bêbado tava que nem um coach falando que ele e era foda e tal. E ele ininfluenciável começou dizer que era foda mesmo. Perguntei quem ele queria. Ele falou. E eu disse 'você pode'. Ai ele ligou pra mina. Raaaapaz não é cara começou namorar uma modelo? Esse é meu garoto! Eu levo jeito pra coach!''

Note, essa história é interessante porque segue uma sequência de eventos e reviravoltas que prende, tem traços de humor e coisas do gênero. Mas não é ai que tá o truque. Você cita que tem uma empresa, mostra humor, protege e ajuda os amigos, é humilde e respeitado. Só aqui temos os mecanismos evolutivos de atração: Fartura e perspectiva de futuro (ter uma empresa), ser o líder (chefe), ser respeitado (seguiram seus conselhos), protetor (ajudou um amigo), sociável (sairão pra beber e as pessoas gostam de você) e humor (é alguém agradável, de novo sociabilidade). Você teria acabado de subir muito aos olhos da garota após essa história.

Se em qualquer momento da sua conversa, você comentasse ''cara, eu tive uma namorada que'', e contasse qualquer coisa engraçada agora, você ganharia valor por pré seleção. Afinal outras mulheres te escolheram antes. E isso te torna mais atraente. Mesmo que a história seja sobre outra coisa ''eu tinha uma namorada que adorava jogar tabuleiro Ouija, já brincou disso? Teve uma vez que...'' Veja, a história vai seguir aqui uma temática de terror, mas só presença da namorada do passado já ativa o valor.

Todavia, tome cuidado com algo. Todo mecanismo de valor evolutivo, também é um mecanismo inverso de atração se for feito o contrário. Se na história você tivesse abandonado um amigo, por exemplo, quando ele começou falar do amor platônico, você estaria se mostrando alguém que não satisfaz o valor de ''protetor dos amigos'', se na história ele tivesse comprado briga e você apanhado, passaria fraqueza. E se durante a história você estivesse se focado no fato de ter uma empresa e ser o chefe, e deixar isso exageradamente explícito em vez de fazer a história ficar interessante, soaria que você está tentando impressionar e que precisa de validação (carência). Por isso muitas mulheres dizem que não gostam de homens ricos, porque muitos provavelmente esses tentaram ''se provar'' pra elas com o dinheiro e isso passou o valor inverso de atração ''carência'' em vez do valor de ''fartura''. Então, valores atrativos devem sempre aparecer, mas... De forma velada, e em segundo plano.

Observação:

Pré-seleção: Ter mulheres na sua vida e ser escolhido por elas.
Proteção: Qualquer coisa que pode ser usado para proteger elas e lhe atribuir poder (força física, altura, algum status que intimida). Bem como o cuidado com os aliados e família.
Emoção: Causar várias emoções na garota seja com gestos ou histórias. Ou simplesmente ser imprevisível.
Atitude em si: Confiança, tocar sem medo, linguagem corporal, voz, sociabilidade e demais nuances.

Esses 4 provavelmente são os mecanismos de atração mais fortes. Lembre de explorar eles de forma velada sempre. Além das demonstrações veladas. Você pode/deve:

Toque ela: Você precisa começar a tocar ela. De desculpas pra tocar as mãos dela, ombros, rosto, etc. Sempre comece pelos menos sexuais possíveis (como as mão), e vá escalando aos poucos, tocando ombros, rosto, cabelo, etc. Dê desculpas esfarrapadas, por exemplo estudar leituras de mãos e pedir pra ler a mão dela, se ela tem uma tatuagem, fale sobre ela tocando, faça brincadeiras que envolvam toques. Brinque com as bochechas dela, depois dela dizer algo que você gosta poderia fazer uma carinho na cabeça dizendo ''boa menina'' ou dizer ''oh que fofa'' apertando as bochechas. Ou ''merece um abraço''. Apenas tente interpretar o momento ideal pra isso (e você só consegue ler isso com prática).

O motivo de tocar, é que se você não a toca desde o início, o corpo dela vai te ver como se fosse um membro da família ou um amigo, não como um parceiro sexual em potencial. Então quando agir de forma sexual o corpo dela estranharia.

Além disso nosso corpo tem um bloqueio em relação a proximidade de estranhos. Ela nunca beijaria um estranho do nada por exemplo. Então conforme você avança nos toques, o corpo dela se acostuma com seu toque, até que em algum momento um beijo vai acontecer quase que naturalmente. Pois pro corpo dela, seus toques são uma coisa normal, então é natural que você avance mais.

Esquecer esse detalhe é o motivo de muitos homens caírem na Friend zone ou um casal ter um encontro super-romântico mas travar na hora do beijo. Aquela típica cena que chegam na porta da casa dela sem ter rolado nada, ocorre justamente porque não escalaram toques.

Uso de NEG: Basicamente o NEG é uma brincadeira, sarcasmo ou ironia com humor, que não ofende a garota diretamente, mas tira ela de um pedestal de admiração. Um homem que não é facilmente seduzido é mais interessante. Mulheres gostam de desafios! O NEG também tem o efeito de mostrar confiança da sua parte, autossuficiência e ainda deixa ela relaxada. Já que vai parecer que você não tem interesse, ele não vai se preocupar de quando você vai ''dar o bote'', em vez disso ela vai se sentir desafiada a seduzir você. Claro, esse processo é todo inconsciente.

Então o NEG é quase como uma alfinetada que faz ela rir, mas a desconcerta. Isso faz o valor dela baixar perante e você, enquanto o seu sobe perante ela (gerando a atração pelo homem de status superior). Por isso que sempre dizemos que você deve atrair ela primeiro e só se deve mostrar interesse após ela mostrar primeiro. Todavia, devemos lembrar que se a garota já tem baixa autoestima, um NEG descalibrado pode fazer ela sair chorando em vez de atrair. Lembre-se, NEGs fortes e em grandes quantidades para mulheres autoconfiantes, arrogantes, e atraentes. Pequenos NEGs e NEGs mais divertidos para garotas tímidas e retraídas.

Exemplos de NEGs:

''Acho que a gente não deve se conhecer''
''Porque?''
''Você é muito nova pra mim''.

''Não posso ficar com você, você é má influência'' (fale rindo).

''Meu deus, até o diabo tem medo de você''.

''Seu jeito me lembra aquela estrela do cinema, como se chama?
Ah é, Bruce Willis ''.

"Você me lembra a minha Tia Silvia"

Ela fala algum gosto dela tedioso ''Nossa…Você e minha avó iam
se dar super bem fazendo tricô''.

Uso do empurrar e puxar: Essa técnica se trata de ficar oscilando
entre uma pequena punição e uma recompensa. Pode ser um NEGs,
seguido de elogio. Falar ''eu te odeio'', depois abraças. Ter um
momento muito romântico num dia, sumir no próximo, depois
voltar a conversar. A lógica disso é que uma recompensa se torna
mais forte após a punição. Outra questão é uma diversidade maior
de emoções que você dá a ela. Pra comparar, um cara que só dá
emoções boas, é como um filme de romance tedioso. Enquanto um
que só dá coisas ruins seria como um filme gore que causa aversão.
Todavia uma riqueza de emoções e acontecimentos prenderia o
telespectador. A mesma lógica ocorre em relações, quanto mais
emoções, mais interessante.

''Você é estranha, gostei''
''Adoro sua voz de Patolino, tão fofa''.
''Quero casar. Pensando bem… você gosta disse que curte
Restart, quero divórcio!''

Seja imprevisível: NEG, empurrar e puxar são exemplos. Fazer alguma loucura sem vergonha na cara, programas aleatórios como ''comer melancia ouvindo havy metal'', beijar ela num corredor ou provocar ela publicamente com palavras safadas são exemplos de imprevisibilidade. Isso gera emoção que é o que mais move as mulheres. Além de seguir a lógica do empurrar e puxar prende ela a você.

Linguagem emocional: Estude um pouco de PNL e aprenda falar de forma a gerar emoções. Você faz isso induzindo a pessoa a ter sensações por palavras sensoriais ou remeter a pessoa a memórias intensas com detalhes. Por exemplo, em vez de dizer ''era tão divertido descer a ladeira da minha casa com carrinho de rolimã na infância'' você poderia dizer. ''Você não sente falta daquele impulso que a gente tinha quando criança? Cara eu sinto! Eu descia a ladeira de baixo de um sol quente sobre minha pele, sentia o vento no rosto a toda velocidade, quando fazia curvas o coração batia, era adrenalina pura! A gente podia fazer algo assim qualquer dia neh?''

Essa mesma lógica pode ser aplicada ao romantismo. Por exemplo ''Você é o tipo de mulher que eu gostaria de estar junto a luz de uma fogueira... Beijaria seus lábios macios... admirando o brilho dos seus olhos bem de perto… Enquanto o calor das nossas bocas se tocam. Meu corpo e o seu se envolvendo num beijo lascivo... Como se chamas de paixão nos cercassem''.

Uma das melhores formas de criar emoção, humor, clima sexual e até mesmo nostalgia é a linguagem emocional. Treine isso observando quais emoções você sente nas escolhas de palavras. PNL é a área que mais estuda isso, consulte obras de referências no fim do livro. Essa técnica é descria nas obras do famoso hipnólogo Ross Jeffries.

Demonstração de intelecto/habilidade: Demonstrar alguma habilidade interessante, conhecimentos, vivências, algum talento, etc. Só lembre de mostrar isso casualmente, e nunca parecer que quer impressionar, do contrário teria efeito inverso. Mas se prender a atenção de um grupo de pessoas com um truque de mágica, mostrar alguma habilidade interessante como leitura de mãos,

análise de personalidade, fará você se tornar no mínimo um cara...
''peculiar'' que merece mais atenção.

Prova social: Citamos que os mecanismos evolutivos de atração
devem parecer de forma velada. Todavia, tem muito mais impacto
se der uma prova, em vez de falar sobre. Por exemplo, se você usar
o método de ''mostrar um talento'' ou ''linguagem emocional +
demonstração de valor velada'' num grupo. Todos vão ficar
vidrados em você. Você daria uma prova de liderança, carisma e
sociabilidade. Isso tem um peso gigantesco. Porque é uma prova do
que diz. Da mesma forma, se virem uma mulher dando em cima de
você, seria uma prova de pré-seleção. Atente-se a provas sociais,
demonstrar uma tem grande impacto atrativo no inconsciente.
Cometer uma prova social de um mecanismo inverso de atração,
praticamente te faz perder a garota.

Energia Fria: Energia fria ou o que Mistery chamou de ''Moxie''
pode ser entendido como uma ''confiança calma''. É um tipo de
comportamento extremamente sedutor, pois passa pro inconsciente
sensação de confiança e controle. Na prática, você demonstra
energia fria quase não gesticulando ou gesticulando pouco. Ou
quando o faz, faz movimentos lentos, quase em câmera lenta. Usa
falas pausadas ou devagar. Quando muda seu olhar de um ponto ou
outro, você não vira o rosto de repente, mas devagar. Você demora
mais do que necessário desviar o olhar dos olhos das outras
pessoas. E na hora de responder alguém você faz um momento de
silêncio antes ou simplesmente sorri diante alguma crítica antes de
dar uma resposta. É uma técnica mais lapidada do comportamento
de ''não reatividade''. Provavelmente esse é um reflexo bem
primitivo do nosso instinto animal, já que vários animais,
principalmente os felinos, fazem muito uso de energia fria até
mesmo para intimidar as presas, o que lhes passa um ar de poder e
nobreza. Se você tem gatos, já deve ter reparado como ele encara
com as pupilas dilatadas e imóvel um barbante antes de atacá-lo ou
como ele se move com elegância gastando mínimo de energia
possível. Isso é energia fria por excelência. Se você tem um gato,
estude esses movimentos com atenção e ira aprender muito com seu
felino.

Importante lembrar que todos os meios a cima de causar atração foram testados por Mistery em campo, e compilados como os mais eficazes. Mistery usou como base conhecimentos de psicologia evolutiva, como das obras do PHD David Buss e da psicóloga, médica e socióloga Esther villar (ou ao menos seguindo os mesmos princípios).

Shit Tests

Mulheres tem um mecanismo muito interessante, chamado Shit test. Que é basicamente um teste. Como falamos no início do livro, mulheres desenvolveram o desejo por aqueles que poderiam promover sua sobrevivência num mundo primitivo. O desejo feminino é quase um mecanismo de defesa. Logo, há esse mecanismo secundário chamado Shit test, que é basicamente uma forma de testar o homem, pra ver se ele tem tanto valor quando parece ter.

O shit test vem quase sempre num formato de crítica que visa tirar o valor do homem. Ela tenta menosprezar ele ou algo assim. Tudo que for útil e poderia abalar sua confiança. Se sua confiança não for abalada, ela se sente ainda mais atraída por você. Se for abalada ou aceitar calado, ela perde o interesse imediatamente, porque sente que você é um falso, e só está fingindo ser um Alpha, quando na verdade é um homem fraco. E sim, elas fazem isso justamente quando tem interesse no cara, a fim de testar. Novamente, é inconsciente, elas não sabem que o fazem, e não vão se lembrar depois.

Observe uma coisa, shit tests sempre veem depois de uma boa demonstração de valor. Se você dá uma prova social por exemplo, principalmente uma intensa como pré-seleção, é quase garantido que virá um shit test logo em seguida.

Pra passar no shit test, demanda confiança e boa habilidade de improviso. Porque apesar de você saber quando vai vir, não saberá como ele será. Note, você jamais deve se explicar num shit test, tão pouco aceitar ele como verdadeiro, se o fizer demonstrará o valor inverso de atração de querer provar.

Exemplo de shit test e possíveis formas de reagir a um:

''Você é estranho'' ou ''você é feio'' você poderia responder com:
''Talvez esse estranho significa que está atraída por mim'' ou ''Na
verdade você está atraída por mim e não percebeu''.

''Você se acha''
''Ora ora, temos uma Sherlock Holmes aqui'' ou ''bem perceptível
você, mas prefiro ver isso como excesso de confiança''.

Obs: Se ela dizer que tem namorado ou te cortar de imediato
provavelmente é um shit teste ou você cometeu algum erro do
flerte, por via das dúvidas, trate como um shit test.

Mulheres recebem flertes o tempo inteiro, então as vezes preferem
cortar imediatamente. Todavia, a atração é construída na interação.
Então é burrice recuar logo no primeiro ''não'' (apenas seja menos
inquisitivo). Além disso, dizer que tem um namorado por ser usado
como shit test em algumas ocasiões, e em outras está fazendo esse
corte antecipadamente. Mas entenda, esse corte não significa que
ela tenha ou não um namorado, tão pouco que é um ''não''
perpétuo. Considere que isso é um ''não agora, porque ainda não te
conheço''.

Veja bem, quando um homem é interessante, ela quer avaliar. Se
ela disse que tem um namorado, só viu necessidade de dizer isso,
porque o julgou como um homem de baixo valor. Ainda que ela
tenha mesmo um namorado, se você for interessante ela não te
contaria, provavelmente ia querer te manter como contato, mesmo
se for ''fiel'' (fiel entra aspas, porque como vamos ver a noção de
fidelidade é bem equivocada).

Isso considerando que as auto regras delas sejam absurdamente
fortes, como você verá no tópico a frente sobre fidelidade. Na
maioria das vezes, se você conseguir demonstrar valor e fazer tudo
certo, ela só te contaria que tem um namorado depois de já ter
transado.

E se você recebeu um não, lembra quando dissemos que uma decisão é um processamento dos dados ate então? O ''não'' pertence a quem ela conhece agora, ''o você é alguns minutos de interação''. Muito provavelmente depois de algumas demonstrações de valor quase sempre esse '''não'' muda pra ''sim''.

Alias, uma das vantagens de usar essa táctica de fazer ela se atrair antes de você demonstrar interesse é justamente não precisar passar por esse corte. Ou se passar pelo corte, pra todos os efeitos ''é uma conversa normal, não uma cantada''. E isso pode ser até usado como NEG pra fazer ela ter interesse, justamente porque ela disse o ''não'' de forma apressada.

Mas se ela disser eu tenho um namorado. Você poderia dizer

''Eu já tive 7, nem por isso to me gabando''.
''Eu tenho um bichinho de estimação também''.
''Desculpa, não estou a fim de nada a três''.
''Ue, porque já tá cogitando flertar comigo então? Eu mesmo ainda não falei nada sugestivo kkk''
''Hum, meu harém de homens precisa de mais gente, me apresenta ele depois'' (embora pré seleção tenha impacto pra mulheres, outros homens terem interesse em você conta como valor social também, te dá uma aura de ''devasso'', e isso é sedutor. O que também brinca com a imaginação dela, já que mulheres também curtem mensagem com homens).

Qualquer resposta semelhante pra esse teste serve. A ideia é brincar como se um namorado não te intimidasse e isso não o afetasse em nada. Vamos lembrar que em mundos primitivos, era normal o Alpha tomar a parceira do beta (alias, ainda hoje é). Pode continuar a conversar novamente de outros temas. Pra todos os efeitos, você não está dando em cima dela (afinal ela que tem que demonstrar interesse em você primeiro). Se você demonstrar sexualidade pelos mecanismos de valor, mas não for inquisitivo no seu interesse sexual de forma direta, ela vai aceitar sua presença. O que dá tempo pra mudar o ''não'' pra ''sim''

Grupos de pessoas

Você pode encontrar mulheres sozinhas, em dupla ou em grupos.
Você deve saber abordar todos os tipos. Afinal quase sempre ela
estará com amigos. Então se espera abordar uma mulher sozinha,
tira o burrinho da chuva. É necessário habilidade pra saber flertar,
isso significa treino. Se você tentar flertar com mulheres apenas
sozinhas, vai perder a maior parte das oportunidades da sua vida e
suas habilidades sociais vão cair muito.

Quando for flertar em grupo, sempre divida a atenção pra todos.
Conquiste os amigos e amigas dela primeiro. Dê mais atenção as
mulheres feias do grupo e ignore a que tem interesse usando
NEGs, pra só se focar nela depois que ver que ela está implorando
por atenção. De as demonstrações de valor pro grupo, não pra
pessoas específicas. Só lembre de tocar a garota que tem interesse
desde o início pra não cair na friend zone. Depois de um tempo,
você começa dar mais atenção pra ela e tenta isolar ela pra seguir
pras próximas fases, logo explicaremos isso.

Algumas dicas:

Lembre de todo dia listar e anotar, todas as piadas, histórias, formas
de demonstrar valor e tocar a garota que você conseguir. Assim
você monta um arsenal de sedução e não fica perdido ou sem
assunto.

Relembre as histórias interessantes da sua vida, as altere vagamente
e planeje como contar elas acrescentando demonstrações de valor
veladas. Tente ter roteiros pras histórias para melhorar o humor e
prender a atenção.

Treine toda e qualquer forma de improviso, pra ficar bom contra
shit testes.

Uma fase Extra: Qualificação/Isolar.

Essa não é bem uma fase, é um movimento que você faz da fase de atração para o conforto. Mas ocorre ainda na fase de atração. Se você demonstrou valor e usando as técnicas descritas a cima, ela começará a ter interesse em você. Embora na maioria das vezes o interesse delas costuma ser perceptível para a intuição, você pode notar isso por alguns gestos e atitudes dela. Você também pode fazer certos testes pra ver qual tipo de reação ela tem.

Coisas que mostram interesse dela:

- Jogar cabelo ou enrolá-lo em direção a boca.

- Reiniciar a conversa quando o assunto acabar ou quando surgir silêncio.

- Acrescentando tópicos a conversa.

- Criar desculpas para te tocar.

- Dilatar a pupila (embora esse pode ocorrer pelo fator da iluminação).

- Olhar para sua boca quando estiverem ate 3 palmos de aproximação rosto no rosto.

- Rir facilmente (embora pode depender da personalidade)

- Se qualificar para você: Quando disser por exemplo que gosta de um tipo X de garota, como
Ruivas por exemplo. Ela tentar demonstrar essa qualidade, dizendo ''É, eu estava pensando em
pintar o cabelo de ruivo mesmo.''

- Aparência de Hipnose: Se desligar do mundo ao redor, com boca aberta quase babando te vendo falar enquanto fica com a face relaxada. Nesse estágio você passou até do conforto, é um tipo de fascinação que geralmente ocorre no início do relacionamento.

Uma garota assim provavelmente já está cogitando que você seria um bom namorado.

- Buscar sua provação, ficar perguntando se gosta de algo nela ou ficar fazendo coisas para te agradar.

- Ficar querendo saber mais sobre você o tempo todo.

- Explorar sua vida, pergunta se tem namorada, amigas, se sai muito, etc. Ela está sondando possíveis rivais.

- Faz movimentos táticos no lugar pra ficar mais perto. Por exemplo, ela está do outro lado do grupo, ai ela senta mais perto de você. Ou fica entre você e outra garota do grupo.

- Pergunta seu nome caso não tenha se apresentado.

Processos mais complexos e menos perceptíveis:

- **Aguentar um contato visual continuo de 3 segundos ou mais sem desviar o olhar.** Principalmente se estiverem a menos de 3 palmos de distância. Se ocorrer, é um forte indicador que está quase no momento de beijá-la. Este é um dos mais fáceis para testá-la. Fora que um olhar firme por si só já monstra confiança, uma das qualidades atrativas.

- **Morder os próprios lábios,** principalmente observando sua boca. Significa que mais que atração, você está despertando tesão. E ela só não te beija porque não estão em um local adequado ou porque ainda não construiu conforto o suficiente. Talvez ainda porque não ouve brecha pra criar o clima sexual.

- **Ela passar a te espelhar.** Essa demonstra que conforto e atração estão agindo em sintonia. Lembra quando falamos que uma das formas de construir Rapport (uma ligação a nível emocional) seria copiar os movimentos da garota? Pois bem, uma vez ocorrido, o inverso ocorre, ela que passa a copiar seus movimentos. Se observar que ela está na mesma posição corporal que você, você pode, por exemplo, colocar um copo de lado. Se ela fizer algo parecido com o copo dela alguns segundo depois, ela está te espelhando. Outro exemplo seria você se inclinar pra frente para contar algo, se ela se inclinar também pra ouvir com mais atenção tem interesse em você.

- Entrar em pico de extinção – Uma das leis da psicologia comportamental é a extinção operante. Essa lei diz que quando algo muito prazeroso para de ocorrer, nosso comportamento faz de tudo para conquistá-lo novamente. Isso é chamado pico de extinção operante. Então quando desejar saber se uma garota gosta muito de conversa com você. Suma um tempo ou não responda as mensagens. Se ela começar a mandar várias, ficar estressada ou te buscar de alguma forma, você tem sua resposta.

- Busca você corporalmente – Se você se inclinar pra trás, ela se inclina pra frente. Se você vira em uma direção ela muda o local que está no grupo para ficar mais perto. Se você a solta para fazer algo ela vem para perto e te toca novamente. Ironicamente uma das formas de construir atração com o corpo é você próprio buscar ela com o corpo e depois se afastar. Quando feito com sucesso o corpo dela passa a te buscar. Isso se trata de uma dinâmica psicológica não verbal que ocorre no flerte. De fato, a maior parte de uma comunicação é mais não verbal do que verbal.

Observe os pés – Os pés tendem a seguir para onde a consciência mantêm a atenção. Em especial os que estiverem por cima ou que seja o lado dominante. Se os pés dela estiverem virados para a saída, é sinal de que ela quer ir embora. Se estiver virado para você significa que conquistou a atenção dela. Se estiverem cruzados, melhor (e um comportamento comum a mulher cruzar as pernas quando fica interessada em alguém, assim como é comum o homem abrir levemente as pernas).

Gesticular de mais ou falar de mais sem controle – E muito comum que excitação sexual e ansiedade (em homens e mulheres) provoquem um excesso de tensão no sistema nervoso. Causando uma espécie de curto circuito. Daí ela não se controla, fala de mais e gesticula de mais devido ao nervosismo. **Atenção:** Nós homens também fazemos isso. Todavia, enquanto pra uma mulher entrar nesse estado faz ela se tornar mais atraente. Homens quando entram nesse estado se tornam menos atraentes. E justamente pelo efeito do espelhamento, pode ser que você mesmo comece entrar neste estado (já que você também espelha ela sem se dar conta). Nesse caso em específico quanto mais ela gesticular mais calmo e menos gesticulações você deve ter.

Mão geladas – Este é especial para garotas tímidas. Garotas tímidas, que não são muito sociáveis podem sofrer de ansiedade quando estão interessadas em alguém. Então é bem comum que suas mãos fiquem frias devido à ansiedade, e se estiver se aproximando de um clima sexual, devido a adrenalina. Por outro lado, se ela não tem tanto interesse, uma simples conversa não vai afetá-la tanto. No caso de uma garota tímida, você pode pegar nas mãos perto do momento de iniciar o beijo para verificar.

Se percebeu isso, ok. É hora de avançar pra próxima etapa.

Uma vez que ela demonstre algumas dessas características, principalmente as de se qualificar pra você, é hora de você começa a qualificar ela como possível parceira. Em outras palavras, uma vez que ela demonstra interesse, você começa a ''notar'' ela e mostrar interesse só agora, como se só agora ela estivesse te conquistando. É só nessa fase extra, entre a atração e o conforto que você começa a soltar elogios. Elogios leves como falar que ela é legal, que estão se dando bem ou qualquer coisa assim. É só pra que ela perceba que há um interesse seu agora.

Lembre-se, mulheres querem ser elogiadas por homens que elas tem interesse e dão valor, não por nenhum mané. E antes de ter valor, você é provavelmente um desses manés.

''Ah, mas mulheres dizem que gostam de receber elogios'' o leitor pode questionar.

Vamos lembrar que elas não conseguem enxergar os processos inconscientes. De fato elas gostam de receber elogios, porque isso aumenta o ego e senso de valor delas. Mas isso reduz o valor do homem porque mostra que ele é fácil. Em outras palavras, elas gostam de receber o elogio por alimentar o ego, mas isso diminui a chance do cara conquistá-la. Então lembre-se: elogio só da parte da qualificação em diante.

Pois bem, uma vez que você se abriu, fez ela sentir atração, ela manifestou interesse e você manifestou interesse nela, estamos indo pra próxima fase, o conforto.

A fase do conforto.

Antes vamos explicar uma coisa. Se você quiser tentar beijar a garota ou fazer sexo com ela a partir da qualificação e se tiver construído valor o suficiente, você conseguirá. Todavia há dois problemas em arriscar isso agora. O primeiro é que ela está sendo movida só por libido e atração. Não há vinculo emocional ou sentimentos fortes, então uma vez que já te beijou ou fez sexo e a libido foi satisfeita, ela vai ter uma crise seria de remorso e arrependimento.

"Porque eu fiquei com esse cara?'' ela vai pensar. Então ela passará a evitá-lo após isso. Ou, na melhor das hipóteses querer só pra sexo casual.

A segunda questão, é que por mais que ela tenha o desejo te impulsionando pra se jogar em você, boa parte das mulheres tem auto regras (explicamos no capítulo anterior) relacionadas a não agir se emoção e sentimentos mão estiverem de acordo. Além disso, emoção e sentimentos fazem a mulher se entregar muito mais facilmente pra você, e o efeito da sua sedução dura muito mais.

Por isso, não pule a fase do conforto. Principalmente se quer ter uma relação.

Tá, mas do que se trata a fase do conforto?

A fase do conforto é um vínculo emocional e afetivo que você tem com ela. Que faz ela se identificar com você, confiar em contar os segredos, mostra o lado mais safado pra você, sentir que você a compreende, que vocês são parecidos, até um sentimento mágico e inebriante que um foi feito para o outro, com um ar de romantismo rondando. O beijo e o sexo vão se tornar muito mais quentes e com muito mais paixão.

Em outras palavras, conforto é ''sintonia'' e ''conexão'' falando de forma mais abstrata.

Existem vários fatores que promovem isso. Algumas táticas são:

Rapport

O rapport é uma espécie de ''ponte emocional'' entre as duas pessoas. Quando feito corretamente, a pessoa se sente confortável na presença, tem vontade para revelar segredos, sente que conhece a pessoa, etc. É a técnica usada em consultórios para o paciente em psicoterapia falar dos seus traumas. Alguns vendedores também usam para o cliente ficar mais sugestionável e envolvido.

Você pode fazer isso com a técnica do espelhamento. Que seria copiar a postura corporal da pessoal, fazer gestos parecidos logo após a pessoa fazê-lo, mover-se e falar no mesmo ritmo da pessoa, também com o mesmo tom. Uma forma ainda mais complexa é começar usar as palavras que a pessoa usa e se mover com a mesma ''ideia'' da pessoa. Se a pessoa está de braços cruzados. Você poderia cruzar as pernas por exemplo. Se a pessoa se aproxima de você, você se aproxima dela. Se a pessoa está dançando com os dedos da mesa, você faz movimentos com um ritmo semelhante com as pernas.

Também é possível usar o olhar pra isso, por exemplo, ficar olhando olhos nos olhos e então virar o rosto devagar pra olhar em outra direção, mas enquanto seu rosto se move, seus olhos acompanham os olhos da pessoa por um tempo antes de olhar para outra direção. Em outras palavras, você arrasta devagar o olhar dos olhos da pessoa pra outra direção, se demorando um pouco ao olhar pra ela, mesmo após outra coisa ter chamado sua atenção e então se virar pra isso. O que causa ideia no cérebro de conexão.

Colocar um acessório seu nela como uma pulseira, brincadeiras que a faça rir, também são formas de criar rapport. Na verdade, tudo na fase do conforto é sobre rapport.

Falar sobre coisas em comum e qualquer coisa que estabeleça uma ligação também se aplica. As demais dicas deste capítulo tem relação com isso.

Falar de conteúdos afetivos

Algumas memórias possuem conteúdos afetivos por detrás. Memórias da infância, sonhos, medos, inseguranças, momentos marcantes da vida, filosofias de vida, segredos, experiências sexuais, fetiches, etc. Tudo isso são memórias com conteúdos afetivos. Tem significados especiais que damos a elas.

Se existe uma coisa que estabelece vínculo entre duas pessoas, é falar de assuntos permeados de conteúdos afetivos. Na fase do conforto, convém você falar de coisas assim da sua vida, depois puxar da boca dela. Por exemplo, falar de alguma história legal de quando brincava quando criança, e perguntar se ela já fez algo parecido. Descrever um sonho que você tem, e perguntar se tem algo que ela deseja na vida assim.

Lembre-se de usar linguagem emocional, descrevendo com riqueza de detalhes sensações dos sentidos, emoções, e induzir ela a sentir. Como ''Sabe aquela sensação de...'' e descrever a sensação. Use linguagem simbólica também, como na hora de descrever algo como paixão ou emoção, falar em ''chamas'', na hora de falar de amizade, falar em ''laços profundos de confiança'', e toda essa coisa mais poética. Isso faz tudo ser bem mais impactante. E quanto mais profundas forem suas descrições, mais profundas serão as dela. Já que duas pessoas com rapport estabelecido, tendem a se copiar.

Achar coisas em comuns:

Procure gostos ou coisas em comum. Seja um mesmo apreço por um tipo especial de bichinho de estimação, serem fãs de um mesmo nicho de mídia, pensamentos parecidos, livros que gostam, etc.

Coisas em comuns é uma forma de estabelecer rapport. Todavia, mais do que isso, tenha em mente que também existem mecanismos de valor aprendidos e auto regras, que citamos no primeiro capítulo desse livro. Então se na fase da atração você tem que ganhar valor pelos mecanismos evolutivos, nesta fase, o conforto, você deve achar coisas em comum pelos mecanismos aprendidos.

Se ela gosta muito de literatura por exemplo, fale de literatura e tente achar livros em comum.
Se curte rock, bandas e músicas em comum que gostam e até falar de memórias afetivas com essas músicas.

Se o valor aprendido que tem maior status pra ela é inteligência, provavelmente filosofia é algo que vai ter peso.

E ai vai.

Escalação de toques:

O beijo e o sexo vão vir em momentos após o conforto. Então no conforto você tem que escalar o máximo de toques possível. Assim, o corpo se acostuma ao seu toque, e o beijo acontece quase que naturalmente, e daí é só continuar até o sexo.

Mas se o corpo dela não se acostumar ao seu toque, dificilmente vai conseguir beijá-la. Então no conforto o toque deve estar bem mais presente.

Pegar na mão, abraçar, fazer carícias no rosto ou no cabelo, ficar com as mãos envolvendo os ombros dela, etc. Dê qualquer desculpa para tocá-la. Quando ela falar por exemplo de um gosto em comum.

Você poderia dizer ''Ah, isso! que é menina legal'' ou ''por onde você esteve esse tempo todo? Merece um beijo'' todo empolgado e beijar a testa dela segurando a face. Quase como um gesto de ''recompensa''. Claro, isso é só uma ideia, invente formas de tocar ela.

Memorias imaginárias

Use linguagem emocional pra levar ela a sonhar com algo no futuro envolvendo vocês. Por exemplo, se ela falar que gosta de frio e viajar, você poderia dizer que já imagina vocês dois tomando café quentinho nas ruelas de ouro preto de manhã. Ou se for filmes de terror, que imagina você e ela abraçados, envolvidos em cobertores quentinhos, comendo batata frita, vendo ''a freira'' num quarto escuro. Claro, quanto mais detalhado, mais vívido é o que ela vai imaginar. Até o ponto de que esse futuro imaginário pode ser compreendido no inconsciente dela como uma possibilidade real.

E ela não quer que esse futuro desapareça.

Mesmo sendo um ''mero sonho'', vai ser tentador realizá-lo agora que você deu uma ''amostra grátis'' pela imaginação.

Conclusão do conforto: Quase sempre você nota que o conforto foi estabelecido com sucesso pela intuição. O diálogo vai fluir mais facilmente, o silêncio não será desconcertante, vocês vão copiar o movimento um do outro com naturalidade (se você cruzar os braços, ela cruza também, se você se aproximar pra falar com ela, ela também e aproxima, etc). Um fica conversando com o outro com atenção máxima como se o mundo ao redor deixasse de existir, as pupilas de ambos ficam dilatadas e por fim, a escalação de toques já é bem natural. Não é mais estranho fazer carícias no rosto, cabelo, ficar segurando a mão dela por mais tempo que o normal, abraços se tornam mais demorados, etc.

Isolar: Lembre-se, dificilmente você beijará ela na frente das pessoas. Logo após a qualificação ou durante a fase do conforto, é interessante tirar ela do local e levá-la onde pode ficar apenas os dois. Assim ela vai se sentir mais confortável de te beijar e conforto se tornará mais efetivo. Pra fazer ela te seguir, você pode usar qualquer desculpa. Diga que vai mostrar algo a ela, que ali está muito barulhento ou quente, chame pra algum outro rolê, etc. Entenda que ela já se mostrou interessada em você e você a ela, então ela também quer ficar a sós com você a essa altura.

Todavia, lembre-se que mulheres odeiam se sentir fáceis ou a entregar ao sexo pelo sexo. Mesmo que elas gostem de sexo casual, se um homem disser que está querendo ficar a sós com ela para qualquer ato sexual explicitamente, ela terá uma tendência inconsciente a recuar. E isso é uma auto regra. Como citamos, auto regras tem falhas. Uma forma de driblar essa auto regra é dizendo que vai mostrar ela algo, que vão fazer outra coisa, enfim, uma desculpa esfarrapada. Daí o famoso ''chamar pra ver Netflix''. Vocês não foram pra fazer sexo pra todos os efeitos, mas aconteceu. Ela sabe que é pra sexo, mas mente pra si mesma que está indo pra fazer outra coisa. E ai para inconsciente dela tá ok, simplesmente aconteceu.

Após o conforto estar nesse estágio, é hora de ir pra sedução.

A FASE DA SEDUÇÃO.

Neste momento ela já tem desejo sexual por você de forma latente. Já está confortável com seu toque. Um beijo aqui é quase natural, ela só precisa de uma desculpa pra te beijar.

Aqui entra um atento importante, essa ''desculpa'' é uma emoção que impulsione ela pro beijo. Todavia, vamos entender antes o papel da emoção na hora de um ato sexual em si ou decisão.

O papel fundamental da emoção

Homens e mulheres têm químicas diferentes em seus corpos. E vamos lembrar que emoções são processos químicos no corpo. Logo, as emoções que afetam homens e mulheres são diferentes.

Homens por exemplo são mais suscetíveis a raiva ou uma sexualidade explosiva. Mulheres por sua vez são mais suscetíveis a saudade, nostalgia, entrega, etc. Fora isso, há os reflexos evolutivos também. O homem tem desejo natural de dominar, enquanto a mulher tem um desejo natural de se entregar. Você pode perceber isso nos fetiches mais populares que ambos tem, e no desejo pelo tipo de parceiro do sexo oposto (homens desejam mais mulheres submissas, enquanto mulheres querem homens ''firmes'' e de ''atitude'').

Fora isso, as mulheres têm várias auto regras relacionadas a não se sentirem fáceis ou como um ''pedaço de carne'' como elas dizem, e isso é bastante cultural. Logo, é muito comum essas auto regras se ativerem antes do beijo ou antes do sexo, causando uma emoção negativa que a faz recuar.

O terceiro ponto, é que homens tendem a flertar mais, enfrentar rejeição, tomar a frente, brigar, e coisas assim. Ocorre então que homens são mais resistentes a tomar atitudes em ''tensão''. Até pela testosterona que também é um hormônio que estimula a agressividade, ação, e comportamento do instinto de luta e fuga. Logo, por todos esses fatores, embora o homem nos seus primeiros flertes sinta um medo natural de abordar a garota ou tomar atitude pra beijar, com a quantidade de vezes que ele o faz, começa dominar essa tensão (aumenta seu **limiar de autocontrole**. Será explicado no tópico sobre fidelidade). Como as mulheres apenas se entregam a quem flertar bem com elas, se deixar elas sobre esta tensão antes do beijo e deixar pra elas tomarem uma decisão racional sobre, elas vão recuar, já que não passam por esse ''treinamento'' que a sociedade nos impõe. Elas têm um limiar de autocontrole baixo, então recuariam devido a tensão ou se entregariam ao beijo se provocar emoção.

Obs: Alias, por isso que ''se declarar'' ou ''pedir pra ficar'' é uma péssima ideia e dificilmente funciona. Ela recuaria mediante esses fatores citados a cima. Fora isso, você ainda se mostraria um homem fácil, que foi totalmente conquistado, e portanto isso não instiga desafio, o torna desinteressantíssimo. Seria como jogar um

videogame que você não perde vida e os monstros morrem
sozinhos.

A emoção então tem o papel de impulsionar ela para o beijo ou
sexo, fazendo ela se entregar. Todos, homens e mulheres tomam
decisões pela emoção, mas no flerte isso tem particular poder. Uma
emoção boa pode driblar uma auto regra (inclusive é um dos
perigos da infidelidade que explicaremos mais a frente), pode fazer
ela atravessar a tensão e relaxar se entregando ao momento.

Sedução na prática.

Explicando a importância da emoção enquanto impulsionador,
voltemos a fase de sedução. A fase da sedução pode ser subdividida
em duas fases, o clima (que é opcional) e a tensão (que leva ao
beijo em si).

O clima

O clima seria um ar mais erótico e sexual que paira entre os dois.
Você faz isso ainda na fase do conforto, trazendo temas de cunho
sexual, namoro, fetiches, e coisas assim. Falando sobre a temática,
fica um ar mais erótico que é convidativo a uma atitude.

Ou você pode falar também de romance. E aqui entra linguagem
emocional. Pode falar que vocês dois parecem combinar, ''que é
gostoso essa energia que vocês tem que parecem fluir de um por
outro'' ou qualquer coisa mais poética assim que instigue uma
sensação de combinação ou romance no ar.

São as formas mais simples de criar um clima. Mas o clima em si é
opcional, uma vez que ela só precisa de uma desculpa pra te beijar.
A função é só não ser uma mudança abrupta de um tema aleatório
pra algo sexual. Já que seria estranho sair de um tema como ''filme
de terror'' por exemplo, e ir pra um beijo. Todavia, ate isso poderia
ser usado como um clima. Como algo como ''estou pensando que
seria gostoso ficar com você no escurinho vendo um filme'' ou

perguntar sobre se já teve um encontro vendo filme de terror ou
algo assim (isso já é o suficientemente sugestivo).

Tensão sexual.

Aqui é o ponto chave da sedução. Tensão sexual é o momento que
o clima ''pesa'' de tanto desejo, é o momento de uma atitude, na
hora, e ambos sabem. Se não ocorrer você vai ser visto como um
frouxo. A tensão sexual é o famoso ''momento certo''.

Só que o que ninguém te conta é que dificilmente essa tensão
ocorre naturalmente. Também é uma atitude requisitada de você
instalar nela e beijá-la logo em seguida.

Como pode fazer isso?

Primeiro é interessante que esteja havendo já algum toque no
momento. Segurando as mãos acariciando a parte de cima delas,
acariciando o rosto, abraçados ou envolvendo o corpo dela de
alguma forma. Quanto mais perto estiverem melhor. A tensão
enfraquece com a distância. E fica mais forte quando está a menos
de dois palmos de distância rosto no rosto. E se estiverem de lado
(por cima dos ombros), é menos intimidador, embora diminua sua
potência.

Nesta posição, diga qualquer coisa que sugestione o que virá a
seguir.

''Estou gostando muito disso… nós estamos num clima gostoso
aqui… vamos melhorar isso...''
''Então… Acho que deveria te beijar agora...''
''Sabe a diferença de clima e tempo? Clima e o que estamos
apreciando, tempo é o que estamos perdendo''
''Sabe, eu estou te olhando agora… Esse olhar tão sedutor… Essa
boca tão sensual (diga acariciando o rosto dela e mordendo os
lábios)… eu quero o seu beijo...''
''sabe… (diga se aproximando), a gente tá conversando demais…
vem aqui…''

O fato é que você pode dizer qualquer coisa que dê uma ideia do que vem a seguir. Não é importante o que você diz, mas como diz. Diga olhando nos olhos. De forma pausada e confiante. E após dizer, não espere uma reação dela (do contrário você ferra tudo. Pois seria incongruente com o que disse, além de fazer ela recuar pela tensão extrema que colocou sobre ela). Após dizer alguma frase do tipo, sem esperar uma reação, avance para beijá-la. O truque aqui é avançar lentamente (assim se ela rejeitar você, ela pode simplesmente virar o rosto. Mas se não der tempo dela pensar, a chance de aceitar é melhor pois evita que a tensão faça ela recuar. Deixe que o desejo dela guie ela em vez da razão).

É bem possível que ela se afaste por ser repentino (depois de já ter te beijado um pouco), mas partir daí a tensão ficará no ar. Beijá-la novamente depois será mais fácil porque a tensão já existe entre os dois. Mas se estiver confortável ela provavelmente vai continuar o beijo.

Dicas extras, coisas que potencializam a tensão sexual.

Existem alguns fatores que potencializam a tensão. Uma delas é o olhar. Olhar sempre foi uma das formas mais intensas de produzir tensão sexual. Um olhar afiado pode causar tensão ate na fase de abertura. Tente treinar seu olhar no espelho.

Existem duas técnicas interessantes pra treinar. A primeira, é diante do espelho focar seu olhar em um de seus olhos por alguns segundos (admirando seus próprios olhos) depois percorrer até o outro olho. Ficar variando entre os dois olhos com poucos segundos de diferença então se aproximar um pouco do espelho olhando pra própria boca. Quando feito certa sua visão fica embaçada por alguns segundos. Depois perceba o que seu próprio reflexo faz com você. Vai ser o que a garota vai sentir.

Outra dica interessante é treinar a própria dilatação da pupila. Uma pupila dilatada torna o olhar mais intenso. A pupila se dilata ao ver algo que gosta. Então no espelho tente imaginar algo sexualmente atraente ou se admirar (isso vai fazer a pupila se dilatar), ao mesmo tempo tente ficar calmo e confiante se admirando (como se ficasse frio em relação ao que vê, de fato uma ''energia fria'' ao mesmo tempo em que admira cada detalhe). Tente usar as duas juntas.

Também treine sua voz. Faça exercícios que torne sua voz mais atraente. E treine a suas possíveis falas e histórias para criar clima e tensão. Treine no espelho falar pausadamente, com uma voz grave, mantendo a energia fria e as técnicas dos olhos. Certamente tudo que fizer para causar tensão sexual se tornará muito mais potente em algumas semanas.

O beijo em si

O beijo em si, começa antes das bocas se tocarem. Tudo que vir na fase da tensão sexual já aumenta o prazer do beijo. **Se quiser incrementar sua tensão pra aumentar o prazer do beijo você pode:** Estar tocando a garota (como acariciando uma das mãos por exemplo). Olhe nos olhos enquanto lentamente fala algo pra ela de forma pausada. Na sua fala deve ter algum conteúdo com conotação sexual ou romântica. Enquanto isso olhe com as pupilas dilatadas e energia fria cada olho da garota, depois direcione seu olhar para a boca. Aproxima-se lentamente, até as bocas ficarem próximas. Dependo do conteúdo e da calibração da velocidade, pode falar mais de perto com os lábios quase se tocando, pra só então beijar.

Ou se aproximar indo direto…

Fazer uma cara de mal, um sorriso cínico, morder os próprios lábios são formas de acrescentar tesão também.

Outra forma é falar algo no ouvido, quase sussurrando, pra depois ir pra um beijo. A equação contínua a mesma.

Após o beijo iniciar, não demore e mostre pegada. Puxe ela pra si pela cintura. Coloque as mãos na nuca dela ou envolva o pescoço dela em seus braços formando um triângulo. Todavia falaremos mais de pegada no próximo tópico.

Quanto aos movimentos do beijo:

Encaixe primeiro: Não chegue com a boca aberta. Primeiro encaixe os lábios dela entre os seus. No movimento de ida, coloque pressão e feche seus lábios sobre os dela, na volta deslize seus lábios sobre os dela. Um movimento semelhante ao que você faz quando chupa uma laranja. Não deve ter uma diferença grande entre o avanço e o recuo, seus lábios deixam de se tocar apenas no tempo para se tocarem de novo. Alterne entre os encaixe dos lábios superiores e inferiores.

Avance de vagar pela provocação dos lábios: Você vai ''conquistar'' a boca dela antes de um beijo de língua. Faça da seguinte forma. Nos encaixes que citamos anteriormente, use a ponta da língua nos lábios dela, sendo de um lado para o outro (no encaixe) ou de baixo pra cima no recuar. Use mordidinhas que deslizam no recuo. Exatamente da forma que você desliza o dente numa laranja (só que mais fraco, óbvio).

Mude a posição: Durante a pressão, levante um pouco a boca (para elevar o queixo de vocês e os narizes desencontrarem), nesta posição rode a cabeça na direção oposta ainda exercendo a pressão. Os lábios de vocês terá uma fricção prazerosa. Geralmente isso ocorre quando está começando esquentar. É o beijo que vocês costumam ver em filmes.

Use o resto do corpo: Lembre de provocar o resto do corpo. Puxar pela cintura, provocar a nuca, falar coisas ao ouvido, beijar e morder o pescoço, deslizar as mãos sobre as costas, etc.

Espelhamento: Se é difícil pra você criar movimentos, pode simplesmente copiar os movimentos que sua parceira faz. Esse é o ''deixar fluir'' que as pessoas falam. Lembre-se que já instalaram conforto, o movimento de ''cópia'' continua a existir, mesmo aqui.

O beijo de língua

O beijo de língua costuma ser mais intuitivo do que racional.
Porque nesse momento os dois estão em êxtase. Saiba também que
nem sempre o beijo de língua é mais intenso que usando os lábios.
Dependendo de como é feito, os lábios em si, são o que provocam a
maior parte do prazer do beijo. Então sua preocupação deve ser os
lábios. Mas quanto a língua. Algumas dicas:

Língua macia – Seja língua/língua seja língua/lábios. Ela deve
deslizar, ser macia. Não pressionar. Se for pressionar, que seja
ainda macia.

Rodar - Gire e deslize sua língua ao redor da dela. Principalmente
as pontas.

Seus lábios sobre a língua – use seus lábios pra deslizar sobre a
língua dela se ela estiver mais dentro da sua boca. Obviamente use
sua língua sobre as pontas da dela quando fizer isso.

Avance e recue – Sua língua deve entrar e sair conforme o avanço
dos seus lábios. Nada de querer afundar cada vez mais.

Imite – O beijo de língua quase se cópia sozinho. Você vai notar
que não é raro um fazer os movimentos que outro faz. É como se o
corpo achasse sozinho os movimentos que agradam os dois.
Por isso a língua não precisa ser sua maior preocupação.

Respeite o ''ponto de encontro''- Perceba que a um limite do
quanto a língua dos dois pode se projetar pra fora da boca. Essas
pontas que vão se provocar mutualmente. Não tente ir ''em busca
de mais pele''.

A PEGADA.

A tão famosa pegada que as mulheres falam, são gestos e atitudes que fazem ela se sentir dominada por você. Isso atribuí a você uma forte imagem masculina e ativa as fantasias mais primitivas dela.

A pegada já pode ser mostrada antes mesmo do beijo.

Antes do beijo a pegada se mostra no olhar firme, na calma da energia fria junto da confiança inabalável e principalmente na forma que você avança e toca a garota. Sempre agindo de forma firme e confiante.

Por exemplo, sempre é bom ter um perto de mão firme, porque quando ela sentir, que vai fazê-la imaginar como seria ''ser tocada por essas mãos'' e consequentemente imaginar (fantasiar) como seria sua pegada ou suas mãos firmes a dominando num beijo por exemplo . Quando for segurá-la na cintura, envolver os braços ao redor de seus ombros ou até mesmo um afeto na cabeça, puxar ela pela mão, você deve sempre fazer sem medo de tocá-la. Ela perceberia sua hesitação, evitação de contato e o medo de fazê-lo.

O mesmo vale para não ser reativo. Você deve ser você mesmo sem medo de desagradar. Você deve ser firme em suas decisões e sempre se manter relaxado. Se você muda seu comportamento só por ela ser uma mulher, ela percebe seu desejo desesperado de agradar.

Todavia, mesmo que não tenha demonstrado antes, poucos gestos na hora do beijo pode mudar toda a ideia que ela tem você, fazendo-o ter a tal pegada. Aqui separamos algumas dicas úteis.

1- Sempre a toque com firmeza e envolvendo seus corpos. Alguns movimentos interessantes seriam:

1.1 – Segurá-la com uma mão pela cintura e a outra segurando na nuca enquanto se beijam, com firmeza trazendo ela para perto de você. Fazendo seus corpos se aproximarem.
1.2 – Segurar na nuca fazendo os dedos se espalharem pelos últimos fios de cabelo.

1.3 – Envolver o pescoço dela em um triângulo com seu cotovelo, como se estivesse abraçando sua cabeça enquanto traz o corpo pela cintura. Isso não só é excitante como a deixa confortável com sensação de proteção (ótimo para momentos que ela está pouco confortável com o ambiente).
1.4 – Segurar o rosto com as duas mãos enquanto beija.
1.5 – Segurar na bunda dando uma leve levantada, isso cria um pequeno pico de tesão momentâneo por ser uma área sensível.
1.6 – Mudar a posição, indo da nuca para a cintura, da cintura a bunda ou qualquer mudança. Aproveite o momento para deslizar os dedos pelo corpo levemente sobre a pele.

2 – Use provocações. Não fique apenas na boca. Tão pouco segurando apenas em um ponto (como muitos homens fazem segurando a bunda da garota como se o mundo dependesse disso). Em vez disso explore o corpo dela ainda no beijo. Algumas dicas:

2.1 – Enquanto segura a nuca, você pode segurar levemente os últimos fios de cabelo (que dão uma repuxada na nuca como um leve arrepio. Tente fazer em você mesmo para entender e se imagine na posição dela). Enquanto segura esses fios ou os dedos espalhados na nuca com uma mão, beije o pescoço e os ombros, ao mesmo tempo que puxa para perto de você (ou alternativamente provocando outra parte do corpo).

2.2 – Provoque os seios com uma mão enquanto beija o corpo dela com os lábios. Provoque mais de um lugar ao mesmo tempo.

2.3 – Faça movimentos de condução. Coloque as mãos dela envolvendo vocês e coisas do gênero.

2.4 – FALE!!! Tanto no sexo como no beijo pequenas frases provocantes perto dos ouvidos ou em sussurros podem ser mais picantes do que o toque em si. Faça alterações de hálito quente ofegante com frio em partes sensíveis do corpo acompanhados de frases curtas são uma boa pedida.

2.5 – use o ambiente, tem uma parede? Talvez provocá-la com ela de costas para parede se sentindo presa entre os dois seja uma boa opção. Daí a expressão ''jogar na parede''.

Lembre-se, muito da sexualidade humana tem um grau pequeno de sadismo e masoquismo, mais especificamente no prazer de se entregar, dominar e ser dominado. A pegada é basicamente instigar essas fantasias tão primitivas que nós humanos temos.

Quando se tem mais intimidade você pode:

Já em um namoro, beijar ela de repente (principalmente em lugares inapropriados), mostra imprevisibilidade e dominação.

Dar um tapa na bunda dela ir pra cama em seguida.

Começar provocar ela por trás na cozinha, falando algo picante no ouvido e já beijando, virando ela em um movimento brusco.

Na cama controlar as posições dela, ajeitando o corpo dela, mudando ela você mesmo de posição.

Enfim, você entendeu. Tudo que te atribuir uma forte imagem masculina e fizer ela se sentir dominada e entregue a você conta aqui.

O beijo é basicamente uma escalação pro sexo. Continue a beijar e provocar as várias partes do corpo dela, seios, pescoço, pernas, falar sacanagens e dominá-la, até esquentar o suficiente pra ela querer sexo. O ideal é que já estejam no local que podem fazê-lo, por isso se deve isolar ainda na fase do conforto.

A opção de Flerte. O flerte Direto.

Tenha em mente que todas as regras citadas anteriormente permanecem aqui. Todavia há uma situação onde você não precisa passar todo o processo anterior e então pode usar o flerte direto, que é uma outra tática.

Suponhamos que você já tenha alguns mecanismos de valor ao seu favor. Que ela já vai ver quando bater os olhos em você. Talvez seja um ambiente que você é popular, que ela vê você socializando ou já é pré-selecionado por outras mulheres. Talvez você tenha uma banda e seja conhecido. Te ver liderando outros homens. Quem sabe você é musculoso, alto, belo, tenha um traço de beleza socialmente valorizado (como um cabelão, altura, uma barba bonita, olhos azuis, etc). Enfim, se você tiver alguns desses mecanismos de valor, possivelmente ela já está de olho em você. Então, em teoria, você já tem a ''atração''. Você só precisaria abrir provando que tem de fato valores masculinos, agindo de uma forma mais sexual, qualificando ela e a partir dai já poderia ir pro conforto ou o beijo.

A diferença desse estilo de flerte, para os estilos anteriores, é como o próprio nome diz, você será direto do início ao fim. Você vai dizer com todas as letras que tem interesse nela logo no início da conversa, mostrando o máximo de atitude, coragem e confiança possível. A palavra-chave pro flerte direto é ''Impacto''.

Lembre-se de ter uma boa linguagem corporal, falar de forma confiante e em bom som, olhar nos olhos, ter um sorriso, não gesticular muito, não demorar muito pra tocar ela (fazer a escalação de toques), etc.

A abertura pode ser algo simples e direto. Alguns exemplos:

'' Hey, pare um instante''
Quando ela perguntar o que foi, diga
''Te achei interessante, então vamos nos conhecer''.

Mais ousado ainda seria:
''Te achei tão sexy que decidi te conhecer'' (nunca esqueça o sorriso e, pelo menos, uma técnica de olhares)

Em festas poderia ser
''Quero te faz três perguntas, 1 – Tem namorado?'' (resposta), ''2 – Me acha atraente?'' se resposta for sim ou talvez diga ''Você então

não tem nenhum motivo para não me beijar?'' (já diga se aproximando pra um beijo).

Após isso, escolha transições que podem ir ou para o lado sexual ou para demonstrar mais mecanismos de valor. Apos mostrar um ou dois já vá para o conforto e beijo, porque atração você já tinha. O flerte direto é mais focado em algo sexual, então não pode demorar muito no conforto, pode até pulá-lo.

O problema real do flerte direto, é que você está agindo de forma tão masculina, tendo tanto valor, que isso vai fazer o mecanismo inconsciente delas de produzir testes quase explodir. Você vai receber uma enxurrada de testes. E isso é proposital pra um usuário do flerte direto. Ele vai usar os testes dela para ganhar experiência, saber lidar com eles e ganhar ainda mais valor em cima deles. Sempre soando mais safado, cafajeste e confiante a cada vez que receber um.

Outro problema do flerte direto é que não possível dar mais conselhos ao leitor do que isso. Ele depende quase que inteiramente da sua confiança, sua capacidade improvisar em cima do que ocorrer e avaliar a situação (suas intuições e instinto). Fora uma atitude ousadamente masculina e firme.

Enquanto o flerte indireto cheio de etapas pode ser avaliado racionalmente pensando em todos os detalhes, o flerte direto tem que ser na tentativa e erro, lapidando seus comportamentos na base da intuição pra ficar bom.

Quando usar cada tática?

Não é uma regra. Ambos podem ser usados em qualquer situação. Todavia como o flerte indireto é mais velado, pode ser usado para flertar em grupos, mulheres com amigas, lugares que vai ter plateia como escolas e trabalho para que ninguém perceba o que está fazendo. Lugares calmos também favorecem isso.

O direto é mais útil para lugares que exijam uma atitude sua, como baladas, festas, mulheres sozinhas, garotas que já tem algum grau de interesse em você.

Todavia há uma ressalva. Um mestre do flerte indireto pode modelar qualquer situação ao seu favor e ter um vínculo fortíssimo com a garota quando conclui-lo, todavia demora mais ficar bom nesse estilo porque você gasta mais tempo com a garota.

Um usuário do flerte direto consegue flertar com muitas mulheres num curto espaço de tempo, pelas interações serem mais curtas, mas não causa o mesmo grau de conforto e vinculo. O que pode lhe dar mais trabalho pra criar um namoro depois. Além disso se você tiver mecanismo inversos de valor logo de cara, como ser feio, baixo, magricela ou qualquer coisa assim, vai demorar mais tempo pra ficar bom no flerte direto.

O indireto também combina com pessoas tímidas e mais românticas, enquanto o direto é bem ligado a algo mais espontânea e cara de pau.

Dito isso, escolha o estilo que mais combina com você.

Do Flerte a relação

Supondo então que já tenham feito sexo. É hora de continuar a manter contato e fazê-la investir em você. O que separa uma ficante de uma namorada é o vínculo afetivo e investimento emocional que ela teve em você.

Então, sim, se mantenha beijando e fazendo sexo com ela. Mas além de sexo, faça amor também, aquela transas lentas e gostosas. Após gozarem, fiquem abraçados conversando. Nesse momento tente tirar o máximo de investimento afetivo com os diálogos que citamos no conforto.

Lembra que tudo que citamos na fase do conforto? Principalmente sobre falar sobre temas com carga emocional, como infância, sonhos, medos, inseguranças, etc. E também o uso de linguagem emocional e falar sobre coisa na fantasia, levando ela a imaginar cenários nos futuros hipotéticos, fantásticos/românticos contigo e coisas do gênero. Pergunte essas coisas mais profundas sobre ela, tente fazer ela revelar pensamentos mais profundos da mente dela, as memórias mais fortes, quem ela realmente é.

Conforme você extraí respostas do tipo, ela se sente mais ligada a você.

Algumas perguntas que poderia usar como exemplo seria:

Tem alguém que você admira?
Qual a sua melhor lembrança?
Você tem um sonho?
Se fosse pra escolher algum famoso do passado pra conversar num jantar quem escolheria?
Do que você tem medo?
Há algo que te marcou, que te fez ser quem é hoje?

Ou simplesmente pode falar da química que vocês tem, ficar acariciando ela e coisas assim.

Enfim, você entendeu, extraia coisas que é a essência da personalidade dela, e deixe ela falar sobre isso. Pra isso você precisa se conhecer também. Use linguagem emocional falando coisas sobre você primeiro, depois pergunte a ela. E nesse tempo encha ela de todo tipo de carícias mais românticas.

Fora isso. Forje memórias. Se você ficar só no sexo, será uma relação sem sentimentos profundos. Faça coisas marcantes com ela, com emoção. Por exemplo, vá a um parque de diversões. Ela gosta de terror? Que tal ver um filme? Melhor, saírem pra explorarem um lugar supostamente assombrado da cidade. Jogar tabuleiro ouija talvez?
Ela gosta de videogames? Uma tarde nos fliperamas do shopping ou combinando de zerar algum game numa tarde.

Ela gosta de xadrez? Que tal luz de velas, vinho, petiscos e uma partida?

Tem formas de pensamento dela que você compreende mas outros não? Por exemplo, filosofias de vida que ela tem mas outros acham loucura, mas você entende? Explore isso.

Ela ama um nicho de literatura pouco conhecido? Estude isso e converse com ela sobre.

Não precisa ser tão específico também. Piqueniques, parques de diversões, idas ao teatro, circo, até mesmo comer churros numa praça ouvindo música de noite. Até mesmo culinária! Gosta de cozinhar? Prepare o prato favorito dela em um jantar romântico. São as memórias o truque, as memórias vão ser marcantes pra ela por emoção, e portanto um investimento emocional forte, o que desenvolve sentimento e romantismo.

Entenda, conquistar uma mulher para uma relação transcende o sexo. Significa conquistar os sentimentos. E isso é feito pelo conforto, pelo vínculo. E vínculo é feito com memórias.

Além disso, segure ela pela mão, de beijos na testa, conforte-a em seus braços, beije a face e todo tipo de gesto simbolicamente afetivo. Além do sexual, ela deve sentir esse carinho. O corpo dela deve se viciar no seu toque, no seu aconchego.

Se manter tudo que foi citado a cima, logo vão se ver namorando sem sequer precisar pedir. Provavelmente, até ela vai te pedir em namoro primeiro quando ver que você está demorando.

As dinâmicas secretas dos relacionamentos.

Primeiro vamos deixar uma coisa clara. Mulheres existem de vários tipos, e portanto existem várias nuances mais sutis de uma relação pra outra. Embora haja os instintos básicos que todas compartilham e nisso são exatamente iguais, todas as relações têm suas diferenças devido ao temperamento, comportamentos, gostos aprendidos, auto regras, etc. Portanto não é possível fazer um manual da relação perfeita que atenda a todos os casais. Todavia vamos citar aqui as coisas a qual você deve se atentar para poder aumentar e muito a chance de você ter uma boa relação. Visto que focaremos aqui principalmente nos instintos base delas, a base evolutiva, que é igual para todas.

Também quero que já tenha em mente uma coisa. Tanto a atração criada no flerte (pelos mecanismos de valor). Como o vínculo emocional criado pelo conforto, tensão sexual e as emoções dadas no flerte, devem continuar a existir no namoro. E aqui que se mantém a estabilidade da relação. Se qualquer polo desses ficar a desejar, a relação começa a ruir.

Se você demonstra algo que é inverso a algum mecanismo de valor evolutivo, ela se sente menos atraída por você. Se quebrar o vínculo criado no conforto, ela deixa de confiar e se sentir a vontade na sua presença, se tornando mais tensa. Se deixar de dar emoções variadas ou parar de excitar ela constantemente, você se torna tedioso e descartável. Em outras palavras, o flerte é eterno. Você flerta com sua namorada mesmo no namoro, entende? Deve seduzir ela todos os dias. Por isso, tudo que você faz no flerte, deve ser um hábito seu, e não uma mentira. Pois no namoro a máscara caí.

Agora que compreendeu isso, em todas as dinâmicas a seguir, pense aplicando a lógica dos polos. Emoção, conforto, sedução e atração. Agora vamos citar outras nuances que são aplicadas exclusivamente a relação e ver algumas aplicações práticas desses polos das dinâmicas da relação.

O equilíbrio de poderes e os testes na relação.

Essa é uma das principais dinâmicas que você deve compreender se quiser ter uma boa relação.

Primeiro vamos entender uma coisa. Numa relação, a nível inconsciente, há um certo equilíbrio de poderes invisível a mente consciente, e esse equilíbrio é ditado por quem deseja mais quem, e o que deseja mais esta por baixo. Porque a pessoa que é desejada percebe a importância que está recebendo, e acaba ficando relaxada, começa a ditar as regras, fazer chantagens emocionais, etc. A pessoa que está desejando mais por usa vez, teme perder a pessoa a amada, então começa se dedicar sem ser correspondido e se sentir dependente das migalhas de atenção. Fora isso, também tem o fator do valor de ambos socialmente. Pois quanto mais uma das duas pessoas é desejada e tem status social (beleza, fama, habilidades de flerte, características raras, etc), mais a pessoa de maior status se sente confiante e mais medo insegurança é instigada na de menor status, fazendo ela tentar agradar a de maior status e deixando a de maior status ficar relaxada. Ou seja, o equilíbrio de poderes é ditado por quem deseja mais quem, e quem está sendo mais desejado tem domínio sobre quem deseja.

A mulher sempre vai tentar dominar a relação, mas se ela conseguir, ela sabotará a própria relação, uma vez que as mulheres só desejam homens que tem mais valor que elas e que cause uma emoção grande o suficiente pra elas se sentirem dominadas, ao mesmo tempo em que deseja um homem difícil que pareça inatingível. Esse é um dos instintos mais primitivos das mulheres e vale para todas, sem exceção. Lembre-se disso (você poderá testar você mesmo, caso duvide).

Explicando melhor o que ocorre na prática, é o seguinte:

Lembra que no flerte, na fase de atração, após ela se sentir atraída, ela vai fazer críticas como teste? E esse é um movimento inconsciente que ela não percebe, mas é um movimento natural pra testar o macho pra ver se ele é tudo que ele diz ser? Pois bem, isso ocorre mais ainda na relação, mas de um jeito mais complexo.

Na relação, esses testes têm dois objetivos. 1 – Tentar dominar a relação para alimentar seu próprio ego, ganhar poderes e liberdade na relação, todavia sabotará a relação se o fizer. 2 – Testar o macho para confirmar se ele é qualificado. De novo, ambos são mecanismos inconscientes, ela mesma não sabe que o faz.

Esses testes já eram comentados por Esther Villar, a autora cita que para conquistar uma mulher, o homem deve ser fornecedor de emoções e passar a imagem de segurança. Da mesma forma, ela cita que as mulheres incansavelmente tentam manipular o instinto do parceiro e sabotar a própria relação. O autor Nassahan Alita ao custo de muitas experiências foi capaz de compilar vários desses testes, sabotagens e meios de neutralizá-las, no seu livro ''como lidar com mulher'' (método e padrões, que outros homens puderam replicar na prática. O leitor também terá essa oportunidade em algum momento, verificar por si a veracidade da obra de Alita).

Testes para tentar dominar e sabotar a relação.

Basicamente, ela vai fazer de tudo para você demonstrar o medo de perdê-la. Ou mesmo sabotar qualquer mecanismo de valor que você tenha para deixá-lo inseguro, mas costuma ser mais focado em você demonstrar medo de perder.

Ela provavelmente vai tentar te fazer ciúmes, seja usando roupas mais curtas, saindo para lugares ''não respeitosos'', postando fotos mostrando o corpo, criticando detalhes do seu corpo, comparar você com outros homens, fazer greve de silêncio ou sexo pra ver se você tenta agradar ela de tudo que é jeito, etc.

O que ocorre aqui é: se você começar demonstrar ciúmes, insegurança, ficar nervoso (ser reativo), ou qualquer coisa do tipo, você perdeu. O que vai acontecer, é que ela vai sentir seu medo de perder, ela vai notar, e então soltar a jogada ''se não quiser assim, pode terminar''; Então se você recuar agora, ela vai ficar cada vez mais solta e testar cada vez mais seu limite de ''quanto sapo você engole''. Agora que ela sabe que você tem medo de perdê-la, ela pode pisar em você a vontade, adquirir mais e mais liberdade, e quando você quiser algo agora, ela vai negar. O poder vai pender cada vez mais e mais pro lado dela. Virando um loop, onde ela te trata pior a cada dia, e estará fazendo isso porque sentiu que o dominou devido mecanismos inversos de valor (medo de perda = falta de pré seleção, carência, dependência, fraqueza emocional, etc), e o desejo por você vai cair a cada momento, até que ela sinta mais nojo do que desejo por você. Afinal você não é mais um desafio, está perdendo os valores atrativos, se tornou tedioso e no inconsciente se sente enojada de ter perdido tanto tempo com um

homem tão fraco. Logo, ela vai negar sexo, perder a libido, vai te
trair ou terminar a relação.

Assim, basta aparecer um homem com mais valor que você, e ela
vai te trair ou terminar com você pra ficar com ele. E não, isso não
depende do caráter dela (vai haver um tópico só pra falar sobre
infidelidade, mas entenda que você que praticamente está jogando
ela nos braços de outro).

Uma forma de driblar esse tipo de teste é ''dar corda pra ela se
enforcar''. Por exemplo, já vi um caso onde a namorada do cara
comprou ela mesma chocolates e disse que recebeu de um
admirador secreto. Nessa situação, em vez de ficar nervoso, você
poderia rir ''Legal, pode trazer alguns pra mim'' e se ela perguntar
se não sente ciúmes você responde ''um cara se escondendo
enquanto to com a mina que ele gosta? Não, eu não ficar
preocupado com isso, é até excitante. Se ele for dar em cima de
você pessoalmente, ai ele vai ter que se ver comigo''.

Você demonstrou confiança, autossuficiência e capacidade de se
impor sobre outro macho. Tudo que ela quer num homem.

Se ela perguntar se está tudo bem usar uma roupa curta. Sugira uma
mais curta ainda. E ainda poderia brincar ''Se minha ex namoradas
virem vocês assim vão ficar com um puta ciúmes hahaha''' ou ''
Lógico, ta bem gostosa, vem aqui'' e dar um beijo nela com muita
pegada depois diz ''Bom que todo mundo vê a gata que tá do meu
lado''.

Esse tipo de coisa aumenta seu valor e desencoraja ela fazer mais
testes. Ainda que ela decida usar a roupas, você marcou território.
Fora que pode acabar você fazendo ciúmes nela ao falar das ex.

Essa confiança toda vai fazer ela se sentir insegura também ''como
assim ele não tem medo de me perder?''

É claro, no caso de fotos e roupas, atraí mais competitividade pra
você. Além dos elogios que ela vai receber também pode deixar ela
arrogante. Que são pontos a se considerar. Mas isso está mais

dentro do próximo tópico. Logo ainda nesse tema sobre testes, vamos falar de algumas formas de se impor.

Todavia você entendeu a lógica geral. No fim do livro onde há referências de pesquisa, haverá indicações de livros focados especificamente em testes e como lidar com eles. O que lhe fornecerá um dossiê. Todos seguem a mesma lógica, ou ser firme se impondo (como vamos citar adiante) ou ''dar corda pra ela se enforcar'', não sendo afetado pelo teste dela.

Testes para ver se você é um macho qualificado.

Se o teste do tipo anterior visava fazer você demonstrar medo de perder, pra ela alimentar o próprio ego, controlar a relação e eliminar o desejo que tem por você. Esse segundo tem uma função semelhante, mas com outro módulo de operação. Nesse segundo tipo de teste, ela tentaria fazer você ir contra seus valores e aceitar coisas que você não aceitaria. Te fazer mudar por ela, valores intrínsecos seus. Ou simplesmente testar sua paciência te desrespeitando constantemente.

Se mudar por ela ou deixar ela fazer tudo o que quiser sempre, ela vai vê-lo imediatamente como fraco e perder toda atração por você, não importa tudo que fez por ela. Irônico neh? Se você fizer sacrifícios por ela, ela deixa de gostar de você.

Uma segunda variação desse mesmo teste, é testar os limites da sua paciência, sendo cada vez mais agressiva ou fria pra ver o quanto do seu orgulho consegue ser pisoteado.

Um exemplo do primeiro tipo, é ela sabendo que determinado
hobby ou hábito é importante pra você, ela tentará criticar isso e
mudá-lo. Vai dizer que é algo idiota, que não gosta disso e vai
mandar você parar. Elas costumam ser ainda mais ferozes com isso
se for um valor seu, como por exemplo, você gostar muito de cães e
ela mandar você parar de brincar com eles na rua.

Se você diz ''sim amor, não vou fazer mais isso''. Ela vai te dar um
beijo, falar que te ama e ser super doce. Mas ao longo das semanas
seguintes, começara a perder desejo por você, começará a te tratar
pior, te dar gelo, etc. Isso porque embora racionalmente ela tenha
gostado do seu gesto para com ela e o ego dela ter aumentado
porque o namorado fez isso por ela, os instintos evolutivos vão
ficar cutucando ela no inconsciente, vão fazer ela te ver como um
fraco submisso, um homem de baixa qualidade que não vale a pena
''procriar ''e que não pode ''protegê-la de predadores''. O cérebro
dela vai mudar a percepção que tem de você.

Se ela não terminar com você logo nas próximas semanas, vai ficar
com você só até achar um macho melhor ou ir traindo você.

Uma resposta adequada a essa fala dela de mandar você parar de
fazer algo seria algo como ''eu sou assim, e você não vai me
mudar''. Esse tipo de resposta deve soar firme e irredutível. Se feito
de forma correta, ela vai ficar uma fera, vai brigar, e até desligar o
telefone na sua cara, fazer greve de silêncio por alguns dias. Mas,
assim que a raiva passar, ela vai ver muito valor em você por essa
atitude firme, vai reconhecer o ato egoísta dela de tentar te mudar e
voltar toda submissa. Se acertar bem o timing, pode ser que ela
mesma se disponha a participar dos seus hobbies e mudar os
próprios princípios pra se adequar a você.

A mulher quanto topa com um homem que ela não consegue
mudar, ela muda pra se adequar a ele, se tornando ainda mais
apaixonada. Todavia se o homem fizer o mesmo por ela, ela
termina.

Outra variação deste teste que citamos, é ela tentar torrar sua
paciência, brigando com você por coisas fúteis, tentando achar

defeitos, tirando coisa do nada pra brigar, etc. Essa variação visa ver o quanto você tenta ser paciente com ela. Mas entenda essa paciência não é algo bom, ela quer ver quanto tempo consegue pisar no seu orgulho e te tratar igual lixo antes de você tomar atitude.

Qualquer resposta do tipo ''Ah quer saber? Estou cansado de você, te trato super bem e você age igual criança, cansei de você agindo assim. Hoje a gente não conversa mais'' e saia. Ela vai ficar magoada, mas logo depois ela vai pensar racionalmente. Porque o instinto dela vai aceitar você como um homem de valor e sessar esse tipo de teste. Ela vai voltar a si e perceber o que estava fazendo. Vai pensar ''puta que pariu, fiz merda, preciso pedir dcsculpas''. Assim, ela volta toda carinhosa pedindo desculpas e esse loop de te tratar mal para.

Dica extra: A resposta Coringa

Essa atitude/resposta, vale pra todos os tipos de teste. Ela é menos impactante do que as anteriores, mas serve se você não tiver em mente o que falar.

Diga algo firme, calmo e confiante: ''Veja bem, você é livre, então não vou te proibir de fazer nada. Mas tenha em mente que não aprovo sua atitude, e se o fizer seu valor como mulher pra mim vai cair drasticamente''.

Se for algo como sair com alguma amiga que você não gosta ou querer ir dançar numa boate. E você tem amigos e mandam bem em boates, também para dar o troco. Poderia acrescentar ''Tenha em mente também que como você é livre, eu também sou. Se agir como bem entender como solteira, eu também vou. E não aceito reclamações depois''.

Saia com esses amigos depois e deixe ela sozinha em casa. Pode conversar sobre a relação depois. Lembre-se que não precisa ser as

mesmas coisas. Ela saiu com amigas pra uma festa? Vá há uma
boate de strip. Ela certamente não pensou que iria em uma, só que
não vá sem falar. Diga quando sair e pra onde vai. Quando ela
reclamar ''Você não se importou comigo, eu não me importo com
você. Se quiser uma relação de respeito mútuo, vamos estabelecer
regras, do contrário vou agir como bem entender''. A frase ''eu
disse que não aceitaria reclamações'' ou ''se quiser só você ter
liberdade, procura outro trouxa''. Enfim, você que sabe a gravidade
do que ela fez e portanto a punição equivalente. Apenas não seja
infantil, punindo muito mais do que ela merece. Não precisa ser tão
hardcore como citado a cima, mas você pegou a ideia. Não aceite
calado, se imponha, e se ela vai agir como bem entende mesmo
após se impondo, mostre pra ela que esse jogo dá pra dois.

Empurrar e Puxar

Outro conjunto de técnicas que você deve ter em mente. Muito se
diz que um homem deve ser carinhoso romântico em demasiado. E
isso é bem verdade, pois fortalece o polo do conforto. Entretanto, se
ela sente que você foi conquistado totalmente, que fará tudo por ela
e que ela pode fazer tudo que você vai deixar, você se torna um
homem tedioso, pois deixa de ser um desafio pra ela. E as emoções
que você provém, embora sejam boas, se tornam cansativas por
serem as mesmas (a mesma lógica de comer pudim toda hora, em
algum momento enjoa). Mesmo que sempre sejam emoções boas,
são do mesmo tipo.

Da mesma forma, você precisa saber como reagir, tanto quando ela
faz algo que você gosta, como quando faz algo que não gosta. Daí,
você deve conhecer a técnica empurrar e puxar, também chamada
de punir e recompensar.

Essa técnica se trata de oscilar entra um comportamento que faça a
garota sentir que ganhou você, depois um comportamento que

mostre que ela o perdeu. E ficar oscilando entre os dois opostos deixando ela confusa se você foi conquistado ou não, mas isso de forma bem sutil pra ter efeito a nível quase inconsciente. Outra variação seria você punir ela por algo e recompensar em seguida.

Em outras palavras, é a oscilação de algo agradável e desagradável, que pode ter diferentes níveis e diferentes funções.

Uma das funções, é atrair ela pra você, fazer ela gostar mais e desejar mais você. A lógica, é que se ela sentir que você foi conquistado, ela vai se sentir poderosa. Mas quando você mostrar o oposto, ela vai sentir a perda, e vai tentar recuperá-lo por questão do ego dela. Então ela vai ficar satisfeita quando você mostra novamente que foi conquistado, mas quando demonstrar o oposto mais uma vez ela vai sentir um ''ah, foi quase, vou tentar de novo''. E fica um jogo onde você atraí ela pra perto de você. Logo se torna uma ideia quase obsessiva, onde ela quer agradá-lo a todo custo.

Isso é ótimo para mulheres que são frias na relação, pois com o tempo ela vai se mostrar muito mais carinhosa por desejar te ganhar. Também é o útil para quando a atitude da namorada muda e ela começa ficar mais distante.

Outra função do empurrar e puxar, e modelar o comportamento dela para algo que você deseja. Você vai ''educar ela''. Agindo de forma fria e distante (exemplo de punição) quando ela fizer algo que você não gosta. E quando ela fizer algo que você gosta, você a recompensa (faça qualquer mimo pra que ela fique feliz). Sempre enfatizando que está agindo assim em resposta ao comportamento dela, ela deve saber que é por isso. Com o tempo ela vai ver que é melhor negócio agir de uma determinada maneira em detrimento de outra. Até mesmo o caráter dela pode mudar nesse processo. O cérebro muda sua estrutura quando recebe punições e recompensas, então você modifica ela independente do que ela mesma pensa sobre isso (na verdade, os pensamentos vão seguir o condicionamento), isso foi o que Skinner chamou de ''condicionamento operante''.

Você também pode usar linguagem emocional para este condicionamento, por exemplo, na hora do sexo falar alguma coisa que deseja fazer ela aprovar. O prazer do sexo vai ser considerado pelo corpo como recompensa, e a ideia que você sugeriu se tornará mais prazerosa e considerável. Esse tipo de condicionamento se aplica a qualquer tipo de prazer, seja massagem, comida, música, etc.

Uma terceira função ainda do empurrar e puxar, seria ser simplesmente imprevisível. E essa funciona melhor em um curto intervalo de tempo, mas desse jeito em especial são com coisas sutis. A imprevisibilidade causa emoção, que causa atração, que causa excitação. Então quanto mais faz empurrar e puxar (ou qualquer forma de imprevisibilidade), mais atraente você se torna.

Exemplos de cada tipo:

Tipo 1 – Atrair.

Você ter um ou vários momentos bons (como sexo, romantismo, encontros, etc). E do nada ficar um pouco mais distante. Isso faz gerar saudade. Então quando ela vir falar com você, você volta a ser carinhoso. Essa técnica também é chamada de extinção operante, que explicaremos melhor após acabar essa de empurrar e puxar.

Tipo 2 – modelar comportamentos.

Você pode ficar mais frio com ela, virando o rosto quando ela te beijar, dar respostas mais secas, ficar no seu canto falando pouco com ela ou deixar de ser carinhoso repentinamente. Tudo isso quando ela fizer algo errado. Mas obviamente, pra ela sentir falta você precisa ser carinhoso antes da frieza. Quando ela perguntar o porque de agir assim, você enfatiza que não gostou de tal comportamento. Na verdade, você poderia dizer isso e começar agir assim em seguida.

Se ela pedir desculpas, não é necessário continuar, então podemos ir pra próxima etapa.

Você poderia dar um presente, um jantar romântico, chocolates, uma noite quente. E dizer que está fazendo isso porque ela te entendeu, porque a achou madura e ela merece esses mimos por ser uma boa namorada.

Tipo 3 – Empurrar e puxar para imprevisibilidade, emoção e excitação.

Essa é mais sutil, e serve simplesmente pra provocar emoção. Se trata de oscilar entre dois gestos contraditórios em um curto intervalo de tempo. Sendo que um é uma punição e o outro gesto uma recompensa. Uma coisa interessante sobre essa, é que além de torná-lo mais atraente e emocionante pra ela, aumenta nela os desejos primitivos de submissão e masoquismo que todo ser humano possuí, todavia as mulheres possuem em grau maior. E essa técnica o amplifica.

Seria algo como, olhar pra ela sério e dizer ''eu te odeio'', logo em seguida beijar ela de um jeito muito apaixonado.

Brincar tirando um abraço dela falando ''chega, quero divórcio'', depois pegar ela dizendo ''deu saudade, quero casar de novo''.

Pode fazer gestos na hora do sexo também, começar dar prazer ao mesmo tempo que dá arranhões, mordidas, tapas ou ainda na cama controlando o corpo dela segurando com firmeza por exemplo. Talvez algumas ofensas mais leves e ir subindo o nível. Com o tempo ela vai adorar todo tipo de domínio na cama, ficará ainda mais excitada com você no comando e o ponto forte é que isso se estende pra relação. A atração e emoção que você gerou na cama vai se aplicar ao dia a dia.

Enfim, você entendeu, emoções contraditórias em um intervalo curto de tempo, da mais sutil ao a mais intensas, causa picos de atração, emoção e desejo. Além disso com a recompensa vindo depois não precisa se preocupar com a punição que você aplica primeiro. Só fará o segundo gesto ser mais prazeroso.

Extinção Operante.

Outra dinâmica que você deve conhecer.

Nosso corpo e mente tem a seguinte programação:

Todo comportamento que você possuí, tem algum estímulo prazeroso ou recompensa que o mantêm e o fortalece. Quando esse estímulo prazeroso que vem após seu comportamento desaparece (o chamado estímulo reforçador), seu corpo começa a se reprogramar. Primeiro para ter novos meios de conseguir de novo tal estímulo reforçador, e caso não consiga, elimina o comportamento do organismo já que essa recompensa não vem mais.

O que se segue é o seguinte: Após perder essa recompensa, você tenta mais ainda recuperar o que perdeu, de forma mais aflita, determinada e desesperada. Quando não consegue, tentará novas formas de adquirir aquilo, será mais criativo e fará as coisas de forma diferente. Se conseguir passará a usar essa nova forma alternativa. Caso ainda assim não consiga obter o queria, você elimina aquele comportamento do seu corpo e para de tentar.

Um exemplo de extinção é quando você costuma ir muito na casa de alguém. E tem o comportamento de apertar a campainha, cujo o estímulo reforçador é ser atendido, Agora me diga, o que ocorre se você apertar a campainha uma vez e a pessoa não atender? Sua primeira atitude é tentar apertar a campainha várias vezes (buscar com mais afinco o que deseja), e observe como isso é irracional, não faz sentido que apertar mais vezes faça a pessoa ''ouvir mais'', mas ainda assim você o faz. Logo em seguida, se a pessoa não atende, você tenta bater no portão, gritar, bater palmas, etc. Ou seja, mudança comportamental. Seu corpo tenta adquirir novos meios de adquirir aquilo. Se ainda assim a pessoa não aparece, você vai embora (o comportamento e o desejo foi eliminado). Todavia, se bater no portão e a pessoa atender, na próxima vez, provavelmente você tentaria bater no portão já como alternativa.

Aplicando isso nas relações, perceba que a primeira técnica citada do empurrar e puxar é exatamente isso. Você dá alguma forma de

prazer ela, ou várias formas de prazer, depois sessa esse prazer, pra
ela investir mais em você buscando-o e o equilíbrio de poderes
pender pra você. Ou, para forçar ela fazer as coisas de uma maneira
diferente.

Mas vamos expandir mais a aplicação disso. Além de manter ela
atrás de você te desejando cada vez mais. Você pode colocar ela em
extinção pra modificar a forma que ela faz tal coisa. Pra que ela
tenha uma nova atitude no lugar da que você não gosta, e reforçar a
atitude quando ela substituir a antiga por uma que você gosta mais.
Além disso é possível após descobrir que reforço ela tem com X
comportamento, após eliminar o reforço, retirar o comportamento
dela.

Pense a respeito, essa técnica terá tantas utilidades quanto sua
criatividade permitir.

Apenas tome cuidado ao manter ela atrás de você, para que o gelo
não dure tempo o suficiente para o comportamento dela de buscá-lo
sesse.

Só lembre-se que quanto mais vezes um comportamento é
reforçado, mais é a magnitude da busca para reavê-lo, maior será o
desejo interno, o sofrimento caso não alcance e mais formas
alternativas a pessoa tentará.

Então, antes de colocar a garota em extinção, crie um momento de
grande impacto. Três dias seguidos fazendo coisas românticas
juntas, talvez um jantar memorável e uma noite de sexo quente
antes de um dia sem falar com ela.

Lembre-se sempre de recompensar ela quando ela vir atrás de você,
do contrário ela desistiria de ti.

O valor da emoção

Enquanto o que o impulsiona o homem ao sexo seja o desejo
inconsciente de procriar, o que impulsiona a mulher é o desejo de

se sentir protegida e dominada. E se em primeira instância a libido masculino age sobre o físico, o feminino age no psicológico. Mais precisamente, o que mantêm uma mulher na relação, é a emoção. Mulheres se apaixonam, fazem sexo, sentem desejo, tesão, tudo em volto de emoção. E diferente do caso do homem, que as emoções impelidas pela libido são voltadas puramente pro lado sexual (procriar), como o da mulher é focada em se sentir protegida, sobreviver, ser dominada e coisa do tipo, todas as emoções estão ligadas ao desejo.

O que quero dizer, é que reforçando o que foi dito em tópicos anteriores, o nível de atração por você e o quão prazeroso ela acha a relação atual, está diretamente ligado a quantidade e variedade de emoções que você fornece. Então dê em excessos.

Já citamos algumas formas de fazer isso, empurrar e puxar, uso de extinção, demonstrar mecanismos de valor, pegada no caso do beijo, imprevisibilidade, linguagem emocional, etc.

Agora vamos focar em mais algumas outras possibilidades.

A chave é ser dominador. Ser dominador é diferente de ser controlador. O dominador faz a mulher se tornar submissa só pela presença. Faz ela se tornar submissa de livre e exponente vontade. Algumas formas são de fazer isso são...

Ser autossuficiente: Trabalhe sua autoconfiança, sua não reatividade, não seja dependente, estabeleça os limites que não deseja que as pessoas ultrapassem e se imponha caso ocorra, seja assertivo. Em outras palavras, tenha uma postura independente, autossuficiente e firme quando necessário. Os conceitos de honra, orgulho e amor-próprio devem fazer parte de você e ser perceptível pra ela. Se você soa que vai ficar como um cachorrinho atrás dela, ela sente que está dominando. Por sua vez, se ela sente que você é um espírito livre que não vai ficar lambendo os pés dela, ela vai se sentir dominada por você. Pois veja bem, ela sabe que se pisar na bola, você vai deixá-la e achará outra em breve. Com a quantidade de ''gados'' que tem por ai, um homem que só precisa de si é de um valor inestimável, e ela não vai querer perdê-lo. Logo, se vê tentando agradá-lo e temendo perdê-lo.

Tome a frente, tome as decisões: Não espere por ela nem ninguém para fazer as coisas. Tome a frente, resolva as coisas, proponha soluções, seja o que dá a ideia dos rolês, etc. Use voz de comando com ela. Coisas como: ''Vamos jantar fora hoje'', ''Estou indo jogar futebol com os amigos'', ''vamos pro quarto'', ''vem aqui'', etc. Não fique pedindo permissão ou perguntando o que ela acha, diga o que vão fazer, pegue ela pela mão e leve, guie ela. Se ela tiver algum protesto ela vai se impor, mas pra evitar isso aja assim com o que ela aprova. Ela vai gostar dessa sensação de firmeza sua, vai deixar você guiar e curtirá isso. Em alguns momentos mulheres tomam decisões baseadas emoção pura, alguns autores como Esther Vilar abordam bem isso (consultar as referências no final do livro). O que pode levar ao erro é prudente ser mais firme em alguns momentos, ser irredutível, mesmo que ela se zangue a primeira vista, vai se sentir atraída por não ter conseguido te dobrar, e isso conta pontos pra você.

Sempre passe a imagem de um homem pra ela: (1) Se ela diz que você parece um cachorrinho. Brinque que você é um cachorrão e a beije com muita pegada. Transforme os apelidos fofos em imponentes. Ache brechas pra passar essa postura masculina sempre que possível. O que nos leva há (2), seja sexualmente imprevisível, beije ela com muita pega de repente em momentos inesperados (no corredor quando tiver visitas na sala por exemplo) ou provocar ela com palavras no ouvido em ambientes públicos. Isso mostra atitude da sua parte, dominação do tipo que ela gosta. (3) tenha uma postura dominante na hora de mostrar afeto. Como colocar ela no seu colo (até na frente das pessoas), puxar ela pela cintura, pegar ela no colo e por na cama, etc. (4) no sexo aja de forma dominante e selvagem. Não tenha medo de mudar as posições dela, dar tapas ou coisas assim (embora teste pra ver se ela gosta, mas dificilmente uma mulher não gosta).

Jamais se intimide com outros homens: Não se altere. Nunca fique nervoso, nunca mostre medo ou insegurança. Mas se imponha calmamente cortando gracinhas de outros caras. E ela vai adorar ver o macho dela se impondo sobre outros homens. Aliás, se uma coisa que instiga a mulher é seu homem intimidar outros homens ou se impor sobre eles, por isso convém muito ter meios de protegê-la. Ser forte, saber lutar, ter um meio ameaçar, etc. Isso é uma das coisas que elas tanto amam nos badboys. Se ele pode com outros homens, então ele pode protegê-la, ativa o instinto básico de querer ficar com alpha do bando. Só não considere usar armas pra isso, além de ser perigoso você pode soar fraco por usar esse tipo de recurso.

Instigue emoções ruins pra diversificar: Empurrar e puxar, punir os comportamentos ruins, se impor sobre aquilo que você não gosta e dizer que não aceita tal coisa, etc. Lembre-se, jamais tenha medo de perdê-la. Se ela farejar seu medo de perder ela, o corpo dela enxerga como dependente emocional, e ai é fim de jogo. Então seja duro as vezes se for preciso.

Seja ''romanticamente imprevisível'': Faça coisas românticas com ela, principalmente coisas que fogem aos clichês. Não importa que seja bizarro, mas se for diferente já conta. Crie um laço e memórias que parecem cenário de fantasia. Certamente você já deve ter ouvido histórias de homens que fizeram algo impensado, como um caso que até virou meme de uma mulher que colecionava canecas e o namorado fez uma estante pra exibir sua coleção de canecas. Ou ainda fazer ela seguir um caminho de velas até um belo local, e nesse local ter os lanches favoritos dela e flores. Um coração de chocolates num jardim a luz da lua quem sabe? E programas, talvez acampar e terem momentos românticos a luz de uma fogueira, até comer churros numa praça e tocar uma música pra ela no violão. São essas pequenas coisas que forjam um laço firme.

Seja ''eroticamente imprevisível'': Provoque ela em casa nos momentos que não deveria ou que seria impensado. Que tal enquanto ela está segurando algo ou fazendo algum afazer da casa, você chegar por trás e provocar ela, e mais do que isso mandar ela continuar porque quer ver se ela se consegue se concentrar naquilo e ser provocada ao mesmo tempo. Talvez excitar e provocar ela enquanto ela fala no telefone com alguém de operadora. Quando forem em uma lanchonete, você poderia narrar em linguagem emocional várias cenas eróticas com ela falando ao ouvido dela, tocando as mãos dizendo como ''excitaria a bucetinha dela chegando casa'' e ainda beijar a mão dela ali falando como se fosse um beijo numa parte sensível do corpo dela, seria algo bem imoral, impensado, erótico e é claro, excitante! Quando chegar em casa qualquer dia, porque esperar entrar? Beije ela na porta da casa, colocando ela contra parede, dizendo ''quero você aqui mesmo'' no corredor. Essa pressa a mais instiga a sensação de dominação da sua parte.

Ser romanticamente imprevisível e eroticamente imprevisível causa um misto de emoções muito bem-vindas na relação e que deve existir como parte natural dela se quiser que sua mulher não enjoe de você.

Apimente o sexo: O mesmo sexo sempre enjoa. Embora criar coisas novas sempre pode ser difícil. Então sempre pesquise e aprenda novas praticas, mesmo que você estude a vinda inteira sempre tem algo novo pra aprender. Pompoarismo, BDSM, cunnilingus, tantra, shibari, existem dezenas de artes sexuais, algumas com conhecimentos milenares acumulados. Não tem desculpa pra pelo menos uma vez na semana não acrescentar algo novo ou lapidar suas técnicas já existentes.

Além disso não precisa pesquisar tanto pra acrescentar emoção. Um tapa da bunda mandando ela pra cama após ter excitado ela já é suficiente pra fazer uma garota tremer. Dominar ela na cama mundano as posições você mesmo. Talvez frases mais picantes pra dizer no sexo? Até narrativas eróticas são bem-vindas. Ensinamos sobre linguagem emocional, que tal preparar antes textos de linguagem emocional pra excitar ela enquanto penetra? Descubra as ofensas que ela mais gosta na cama, as partes mais sensíveis do corpo dela, os fetiches e fantasias mais obscuros dela. Nunca julgue, se você for aberto e realizá-los só ganhará mais valor.

Vá em aventuras com ela: E com aventuras, digo tudo que criar algum tipo de emoção (novamente essa palavra-chave), explorar lugares abandonados, fazer jogos de creepy pasta se ela gosta de terror, acampar, parque de diversões, fazer uma festa temática, até fazerem um programa fora da curva como brincarem de guerra de balão de água e coisas simples como apertar uma campainha e sair correndo conta. ''Ah, mas olha a minha idade'' e essa é a graça! Por isso é uma aventura, é fora da curva, é fora do esperado e portanto, é emocionante e atrativo.

Os mecanismos de valor na relação

Como dissemos, o equilíbrio de poderes na relação é algo fundamental de se compreender. Quanto mais um tem valor atrativo, mais o que tem menos valor vai sentir medo de perder o primeiro e tentará agradá-lo. Todavia se a mulher tem mais valor que o homem, ela perde o interesse nele e tentará buscar outro.

Para evitar que isso ocorra você deve sistematicamente mostrar seu valor. Tanto os mecanismos evolutivos que citamos de uso na fase do flerte, quanto estar de acordo com as auto regras e valores aprendidos dela, como instigar emoção. Ou seja, tudo já citado.

Esse tópico é para te lembrar que tudo que mostrou no flerte, agora tem que ser provado.

Como assim?

Bom, um valor de atração é a sociabilidade por exemplo. Então faça questão de levar ela em lugares que é possível socializar, e que ela veja você interagindo com outras pessoas fazendo amigos e conquistando grupos. Assim você deu uma prova social.

Outro valor (e talvez o mais forte) é a pré-seleção, ter outras mulheres te desejando. Todo o estilo de flerte indireto que citamos é focado em seduzir a garota sem que nem ela se de conta. Isto é, a garota se sentir atraída primeiro. Além disso, como citamos, é prudente ignorar a garota que estamos seduzindo, dando provas sociais enquanto capitamos a atração dela. Então, você pode muito bem levar sua mulher pra um bar ou boate, conversar com um grupo novo de pessoas, cativa esse grupo, lançar NEGs pra uma garota em particular, demonstrar valor pra ela, fazer ela, se sentir atraída e portanto ganhará sua atenção. O que sua namorada veria seria uma garota sentindo desejo pelo seu namorado. Ativando a competitividade feminina e pré-seleção, instalando nela o medo de te perder. E pra todos os efeitos, você é inocente, porque a garota que está demostrando intcrcssc, você mesmo só a ignorou (até a esnobou um pouco com os NEGs). Mas isso não é perceptível pra quem vê de fora.

Agora o leitor poderia me dizer que isso é ser dissimulador e mal caráter. Mas vocês não acharam essa tática de dissimulação familiar? Isso é o que as mulheres já fazem postando fotos em redes sociais, usando roupas curtas e afins. Elas estão atraindo homens, crescendo o ego delas e instalando em você o desejo de perder ela. Ou seja, tentando dominar a relação. Por isso a importância de não demonstrar medo de perder ela, é justamente o objetivo. Também devemos lembrar novamente, mulheres fazem isso inconscientemente, então elas jamais vão se dar conta que do que fazem e jurarão de pé junto que nunca nem pensaram sobre isso. E nunca pensaram mesmo, fato! Mas a dinâmica é real, e imagino que faça sentido para o leitor isso.

Demos os exemplos de pré seleção e sociabilidade. Mas folheando o primeiro capítulo, tenho certeza que o leitor poderá traçar ideias de como demonstrar os demais traços de valor.

Apenas tenha atenção para não demonstrar mecanismos inversos de atração.

Por exemplo, um dos mecanismos de atração é relacionado a prosperidade, fartura, ser bem-sucedido, etc. Justamente por isso que casais costumam se separar em crises financeiras. Comparando com o mundo primitivo, é como se a fêmea estivesse com um macho que não consegue caçar e prover o alimento. Então é como se você fosse um macho mais fraco.

Homens pobres tendem a terem mais divórcio que homens de ricos. E isso prova que as mulheres não são interesseiras no sentido de querer dar golpe ou ficar com o cara rico pelo dinheiro, mas sim desejarem um homem ''provedor ou poderoso''. Se elas querem um homem rico, elas querem o ''homem'' que é rico, não sua riqueza, entendem? Aplicando em relações, você não precisa ter grana, apenas mostrar que pode ser um provedor o suficiente pra não terem crises financeiras. Se tiver, não reclame com ela, proponha soluções e enfatize o mínimo possível o problema (a falta) mas mostre atitude de tentar resolvê-lo. Isso tira o foco do mecanismo inverso de atração ''de não ser provedor'' e coloca o foco no mecanismo de valor de ''ser um homem decido, dominador, líder''.

Com esses exemplos, acho que leitor consegue entender como os mecanismos de valor elevam e diminuem o nível de atração dela por você e o que faz o equilíbrio de poderes pender pra um lado ou para outro.

O Conforto na relação

Assim como a atração, o polo do conforto é uma das coisas mais importantes se você quiser manter uma relação. É o conforto, o vínculo emocional, que faz ela ter sentimentos profundos por você, que fortalece as auto regras de fidelidade, que faz ela continuar com você mesmo se você fizer alguma besteira e perder a atração por um tempo (o que dá chance de recuperá-la), é o conforto que permite o diálogo sincero pra conversar calmamente resolvendo um problema. É ele também que dá segurança pra ela de que ficar na relação.

Sem conforto, não existe relação.

E quando falamos de conforto, me refiro ao mesmo que usou no flerte, o vínculo de sentimento e confiança que se cria. Por favor, não confunda conforto com tédio e monotonia, é o contrário, conforto também depende de ações suas como veremos a seguir.

O que instiga conforto?

Audiência sem julgamento: Você ouvir, entender o lado dela quando é algum problema real (e não um teste verifique se ela está sendo racional nas preocupações). Ser capaz de entender ela, ouvir e conversar sobre a questão sem julgá-la é fundamental. A partir do momento que joga a culpa nela por algo, você quebra o vínculo de confiança que tinham.

Memorias: Crie lembranças mágicas com ela, faça ela ter investimento emocionalmente em você. Tenha vários programas românticos, vá em aventuras com ela, faça gestos simbólicos que represente a união de vocês (a própria aliança tem essa função), tente fazer coisas que ela gosta serem atribuídas a você (como terem uma noite romântica ao som da música favorita dela), e todo tipo de coisa que crie um vínculo entre vocês. Tenham hobbies e hábitos que vocês costumam fazer em conjunto, para que ela sinta sua falta na sua ausência ou lembre-se de você caso não esteja presente.

Toque e toque mais: Sempre abrace ela, cubra ela de beijos, mesmo os toques não sexuais, sempre faça carícias, coloque ela no seu colo, sussurre coisas no ouvido, etc. O toque humano de uma pessoa que gostamos é viciante, e quanto mais ela tem do seu toque, mais vinculada a você a garota fica. Em sua ausência o corpo dela entra em abstinência. Além disso, quanto mais o corpo dela permite e se acostuma a você tocar, menos censura ela tem, mais dominada por você se sente e mais fiel se torna.

Reserve algo pro pós sexo: Um dos melhores momentos pro casal criar um vínculo, é após os dois estarem satisfeitos completamente pelo sexo, e ficam deitados na cama abraçados e relaxados. Tudo que vocês conversarem nesse momento causará um vínculo gigante. É perfeito para falar de sonhos, fantasiar ou ser mais romântico nesse momento. Acho que é meio óbvio, mas pra deixar claro caso algum leitor cometa esse erro. Obviamente você jamais deve gozar, virar por canto e ir dormir, isso é claro. Mas um erro tão grande quanto esse, é os dois gozarem e você já achar que está ok. Não é toda garota que se satisfaz só com um orgasmo, mesmo que ambos tenham gozado, se ela aguenta até quatro na noite, pode colocar seus dedos e boca para trabalhar, você tem muito o que fazer ainda! E após ela estar com corpo mole de tanto prazer e orgasmos, tenha esses momentos especiais com ela. E seja criativo, você pode até preparar alguma comida que ela gosta, deixar guardado, ir na cozinha e trazer algo que combine com vinho, beber com ela sob a luz de velas nesse aconchego. Ela certamente se lembrará desse cuidado.

Coisas que quebram o conforto

O conforto é fácil de ser construído se comparado com o valor atrativo. Todavia, ele é perdido muito mais rapidamente também. Uma ou duas quebras de conforto as vezes são suficientes pra enfraquecer toda uma história com a garota. Então tenha máximo cuidado para não quebrá-lo.

A seguir há uma lista de algumas coisas que o quebram:

Quebra de auto regra ou auto imagem: Auto regras quando quebradas, dependendo de qual é, pode causar até mesmo dor física na pessoa, além de despertar sentimentos fortes de rancor, talvez até ódio. Por sua vez, se você coloca em cheque como a garota se vê (a sua auto imagem, sua identidade), a pessoa te odiará quase que imediatamente. Então conheça sua parceira, quais auto regras e qual é a auto imagem dela, e respeite isso. Se não consegue lidar com as auto regras da garota, nem comece uma relação com ela. Procure uma que tenha as mesmas que você. Namorar alguém que tem auto regras contrárias é pedir pra relação acabar em ódio.

Mentiras: Seja sempre 100% sincero. Converse e dialogue com maturidade. Se ela pegar uma mentirinha que seja, a confiança que tinha em você caí. E aqui vai outra dica, isso além de quebrar o conforto, quebra a atração que ela tem por você, pois você demonstra ser fraco, temendo perdê-la. Se quer fazer algo que ela não gosta e vai ser irredutível quanto a isso, é bem mais atraente dizer com firmeza que quer fazer aquilo. Claro, não é o ideal porque ainda assim vai quebrar mais o conforto, mas isso é melhor do que ela pegar uma mentirinha. E... Não suponha que você conseguirá enganá-la. O corpo feminino evoluiu pra ter habilidades de avaliação social bem melhores que as nossas, até os olhos delas podem captar mais informações. É isso que as pessoas chamam de ''intuição feminina''. Como se não bastasse, homens flertando sempre com as mulheres aumentam mais ainda essas habilidades inatas delas. Tenha certeza, que ela precisa apenas suspeitar pra extrair essa informação de você. E tenha em mente, que as vezes ela suspeitar é pior do que ela descobrir de fato. Uma garota ansiosa por exemplo, vai pensar os piores cenários possíveis e focar tanto neles que já vai acreditar que você está de fato traindo ela. Mesmo que na verdade você tenha mentido para ir no futebol por exemplo.

Mostrar interesse em outras mulheres: Se você elogiar outras mulheres ou ficar curtindo fotos de amigas, sua namorada vai ter duas impressões de você. (1) você não é confiável, pois está claramente flertando de uma forma descarada e (2) você é um idiota e um beta fraco. Isso porque lembra o que vimos no flerte indireto? A garota te elogia primeiro, não você. Elogiar só reduz seu valor, faz soar carente, o famoso ''gado''. Elogiar outra mulher ou flertar assim na frente da sua, ''gadando'' outras mulheres com curtidas e elogios, diminui seu valor tanto com a mulher que está recebendo o elogio quanto sua parceira e ainda quebra o conforto com sua parceira.

Só para que não haja confusão com a pré-seleção, vamos lembrar que a pré seleção ocorre quando as mulheres que demonstram interesse em você. Não quando você que demonstra interesse nelas. Quando elas demonstram interesse em você (pré-seleção) a mulher que observa vê você como um alpha, características de um líder, capaz de conquistar, e instiga o instinto de competitividade. Mas quando você que monstra interesse em outras, é como se no mundo primitivo abandonasse sua cria e sua mulher pra dar sustento a uma rival. Mulheres terem interesse em você é uma coisa boa, você ter interesse em outras é algo ruim.

Problemas comuns de Relações.

Além de saber lidar com as dinâmicas anteriores, como os testes, o valor atrativo, o conforto e a emoção, há alguns problemas comuns que você deve ficar atento ou ao menos compreender sua dinâmica para saber lidar com eles caso apareça ou mesmo preveni-los de ocorrer. Esse capítulo será focado nesse tema.

A infidelidade.

Aposto que se for perguntando a várias pessoas o que o que leva alguém a trair ou não seu parceiro/parceira, a maior parte das pessoas dirão ''caráter''. E mais, se perguntado pra maior parte das pessoas, elas dizem que tem ''que confiar'' que o parceiro não vai trair, pois depende só dele. Embora o caráter seja uma das variáveis de fato, esse é um reducionismo muito grosseiro. Ter essa mentalidade é quase pedir pra ser traído.

Dito isso, entenda que na verdade o que define se uma mulher ou homem vai trair seu parceiro (a) é uma queda de braço, de certos impulsos externos e internos. As variáveis que os influenciam são:

Auto regra: Já citamos o que é uma auto regra, é ela que as pessoas chamam de caráter. Quanto mais firme a auto regra, mais fortes serão os impulsos pra garota ou homem não trair, pois se sentiria mal com isso. Quanto mais forte a auto regra, mais forte a autopunição. Mas aqui há um adendo, como dissemos, auto regras podem ser dribladas. Mais do que isso, sabe quando citamos que a extinção pode eliminar um comportamento? Auto regra é considerado um comportamento privado segundo Skinner, isso significa que ela também é sujeita extinção. Em outras palavras, se ficar uma tentação constante de trair ou essa tentação surgir em um momento que a relação está monótona, esse caráter pode ser remodelado para que a pessoa traia. E isso não está no controle da pessoa, o próprio corpo vai se incumbir de eliminar esse sentimento de culpa ou vai criar a ilusão de que simplesmente é lógico trair naquela situação. Afinal, é o cérebro que vai ser modificado. E sendo que o cérebro que controla o pensamento e as escolhas… você entendeu.

Instinto: Querendo ou não, tanto o corpo feminino quanto o masculino nos impulsiona a escolher os melhores espécimes para procriar. No caso, a mulher se guia pelos mecanismos de valor, principalmente evolutivos e emoção. Os homens por atração puramente física (principalmente quando demonstra algum traço de fertilidade ou proteção da prole). Quanto mais fortes forem os traços do rival, mais impulso a pessoa terá pra trair e mais rapidamente a auto regra entra em extinção. Então perceba, que não é apenas o ''caráter'', as auto regras que definem o caráter ainda tem a variável do estímulo externo (quão provocador é) e a constância desse estímulo (pra anular a auto regra).

Limiar de autocontrole: Já parou pra pensar por que algumas pessoas conseguem manter rotinas e se esforçar muito pra alcançar um objetivo enquanto outras pessoas apenas o adiam? Tem um motivo pra isso. Segundo Skinner, a emoção, o impulso interno, faz parte do processo de se comportar. Faz a gente se mover. Quando queremos fazer alguma coisa, como beber um copo de água, é a sede que faz a gente se mover. Mas, em alguns momentos precisamos conter esse impulso para conseguir satisfazer outro impulso ou desejo. Por exemplo, deixar de ver um filme hoje, para estudar para a prova de amanhã.

Só que, a capacidade de escolher estudar em vez de ver o filme, não está totalmente no seu controle. Ele tem um limiar de quanto do impulso você consegue administrar e conter, e se passar esse limite, você não tem mais controle. Explicando melhor, de uma forma mais lúdica, é como você fosse uma bateria que acumula até uma certa carga de energia, se passa dessa carga, não está mais em seu poder se conter. Por isso as pessoas explodem, matam por raiva, fogem por medo ou ''agem sem pensar''. Mesmo o mais habilidoso dos monges ainda tem um limiar, que se ultrapassado, explode. A diferença de um monge pra uma pessoa normal é apenas que o limiar dele é mais elevado, e portanto seria necessário mais raiva para fazê-lo explodir e quebrar seu limiar. Mas ainda assim, esse limiar existe.

Bom, e o que define esse limiar? Histórico de vida. Quanto mais estímulos estressantes você consegue suportar na vida em prol de recompensas prazerosa, mais elevado se torna seu limiar de autocontrole. Em artes ocultas e místicas, e até mesmo em treinos militares, tem até um termo pra isso ''verdadeira vontade'', que é alcançada por disciplina contínua (como tomar banhos frios, fazer jejum ou ficar muito tempo imóvel). Ter vivido várias experiências do tipo, remodela seu cérebro pra resistir mais dessa tensão interna.

Então como pode ver, autocontrole não está em seu poder. Assim como você não consegue levantar um carro só por você quer (pois você precisaria de força e músculos pra isso), você não consegue resistir a um impulso interno só porque você quer (seu corpo e cérebro precisariam ter sido treinados para resistir a tal tensão e ter a estrutura para isso).

Logo, entenda que instinto dela provocado por um possível rival, tentará subjugar o limiar de autocontrole dela, e se conseguir, ela trairá. O mesmo vale pra você. Você pode jurar de pé junto que jamais trairia sua namorada. E de fato, na prática, se você tiver auto regras formidáveis e nunca aparecer uma rival a altura, você provavelmente nunca trairia de fato, mas se acontecer a situação específica, onde o impulso seja superior ao limiar, você trairia sim. O mesmo pra ela.

Reforço concorrente: Esse último ponto, ironicamente joga a culpa pra pessoa que em teoria seria traído (a) e não ao traidor. Mas também, coloca nessa pessoa no poder de prevenir tal evento. Acontece que nosso corpo, segundo os autores Moreira e Madeiros (na obra, princípios básicos da análise do comportamento), sempre se guia por aquilo que é mais recompensatório. E se um estímulo prazeroso aumentar, ter mais frequência, o foco fica nele. Se isso ocorre, o foco em outro estímulo menos prazeroso, mas concorrente, diminuí. Isso se chama reforço concorrente.

Por exemplo, se você gosta da série Arrow e da serie Game of Thrones, se tentar assistir as duas ao mesmo tempo, uma vai ser mais prazerosa. Então, logo você vai tender a assistir a que gosta mais, e conforme isso ocorre você vai esquecendo a outra e adiando ela.

Em outras palavras, aplicando a relação, quanto mais valor atrativo você tem, quanto mais emoção você dá, quanto maior o vínculo de conforto, menos inclinada ela se torna a ficar com outros homens. Pois o corpo dela vai impelir ela a ficar contigo. Isso fortalece todos os fatores anteriores ligados a ser fiel. Ou seja, um mecanismo de defesa a mais pra relação.

Entretanto, se você perdeu valor recentemente, o conforto foi quebrado ou qualquer coisa do gênero, e então aparece um homem que tem mais valor que você e provoca mais emoção. Tenha certeza que ela trairá, pois todos os mecanismos que favorecem a traição são fortalecidos e enquanto os que a impedem são enfraquecidos.

Sendo assim, um dos dois receber um flerte após uma briga por exemplo, aumenta e muito as chances de traição por exemplo.

Por isso é fundamental o vínculo criado no conforto, pois criar laços de confiança no compartilhar as memórias mais afetivas, construindo memórias esquecíveis com emoções fortes, no ato de revelar seus pensamentos mais obscuros. Ele cria a sensação de ser compreendida e ter alguém ao lado. Ele cria um elo de fidelidade, uma auto regra a mais por assim dizer. O conforto tem o poder de criar uma sensação de compromisso forte o que aumenta todos os mecanismos referentes a fidelidade.

Fora isso, a importância de manter os mecanismos de valor sempre explícitos, para que seja difícil haver um rival a altura.

O que fazer então?

Convém não levar a namorada para festas que rolam muita putaria onde podem aparecer rivais e tomar cuidado com homens de valor que possam aparecem em determinados ambientes.

No tópico que falamos sobre os testes que acontecem na relação, citamos formas de punir a garota ou desencorajá-la a ir a certos lugares. É prudente fazer essa jogada para impedir de colocar sua garota em risco, porque de novo, não depende só dela. Assim como você mesmo deveria evitar sair sozinho, não confie na sua própria fidelidade também. Fora, que isso poderia causar quebra de conforto para com ela.

Mostre seu próprio valor constantemente como foi dito, incluindo provas sócias.

Convém ter algum meio ou segurança da sua parte, para poder se impor sobre outros homens caso ocorra de algum flertar com sua garota na sua frente. Se você se intimidar você vai perder muito o valor com sua parceira. Claro, não grite ou fique nervoso, ser reativo também mostra insegurança. Mas se for pra intimidar outro homem, use palavras firmes, olhando nos olhos, calmo e confiante.

Fazer academia, saber uma luta, ter roupas e atitudes que passem a imagem de alguém mais perigoso e qualquer outro meio que instale respeito é uma boa aqui.

Os melhores tipos de relação são as de submissão mútua. Isso é, a garota de livre vontade não faz nada que te incomode, e sempre pede permissão pra fazer qualquer coisa, você não faz nada que incomode ela e não sai sozinho sem a permissão dela. Uma relação com regras claras assim impede problemáticas do tipo. Todavia, infelizmente as mulheres de hoje, poucas são as que aceitam isso facilmente (mal sabem elas que quase estão se obrigando a serem cornas se dando e dando tanta liberdade assim pro homem delas).

Claro que qualquer mulher pode ser dobrada, como dito anteriormente. Se o homem tem muito valor aos olhos dela, e ele age com firmeza e sendo irredutível quanto a algo, ela terá medo de perder esse homem de valor e vai se adaptar a ele. Já vi muitas feministas extremas, sendo toda submissa com um parceiro mais firme, enquanto grita que outras mulheres não devem ser assim e ela é assim ''de livre espontânea vontade''. Claro, uma mulher só se tornaria submissa de bom grado assim para um homem que admira.

Porem, se este homem não tiver valor aos olhos dela, ela terminará sim com ele quando ele fizer essa jogada. Só que, se você tem medo de perder sua parceira e demonstra isso, automaticamente você perde valor e vai perdê-la da mesma forma eventualmente. Sendo assim, compensa o risco.

Ou seja, não tem saída. Você é obrigado a ter muito valor, emoção e conforto com ela se quiser ter um relacionamento.
O uso frequente da retórica.

Retórica é uma técnica a muito conhecida da filosofia, é uma técnica que visa inverter a lógica de uma situação fazendo as emoções subjugarem a razão ou criando uma falsa percepção da questão. Em outras palavras, é uma técnica de dissimulação, muito usada por políticos e advogados. Particularmente, considero uma atitude baixa e de má índole.

O problema é que quase todas as mulheres fazem uso constante de retórica e dificilmente dialogam racionalmente quando estão erradas. Mesmo as mais intelectuais ainda fazem uso desse artifício para parecerem certas. Isso se devem a vários fatores, pode ser considerado a química do corpo delas que faz as emoções serem mais afloradas e portanto um impulso emocional realmente soar mais lógico pra elas, o fato de que elas conseguem internalizar mais auto regras devido ao impacto emocional, a quantidade de experiência social que uma mulher tem (porque mesmo as tímidas já receberam mais cantadas que homens, então se tornam naturalmente habilidosas com essas artimanhas), fora a relação com outras mulheres que elas podem aprender dicas um a com as outras.

Novamente, isso é aprendido a nível inconsciente, uma mulher não vai se dar conta que faz isso até ser chamado a atenção dela para fato. E mesmo se o fizer, provavelmente ela já vai ter alguma auto regra protegendo esse comportamento e ela só vai brigar mais com você usando mais retórica.

Exemplos de retórica podem ser visto largamente principalmente quando um homem critica a mulher por algo. Em qualquer página progressista ou feminista isso é bem observado. Se um homem faz uma crítica, provavelmente a primeira atitude dela é atacar a masculinidade do cara (a fala da masculinidade frágil ou dizer que é frustrado), isso porque é um valor social, então se tirar o respeito dele, tiraria a credibilidade o que evita ela de responder racionalmente ao argumento.

Ou ainda solidificar um argumento em uma palavra, que simplesmente por usá-la pode invalidar outra pelo viés moral. O uso de termos ''machista'' e ''fascista'' ou um termo recente em inglês ''Mansplaining'' que significa ''quando um homem interrompe a fala de uma mulher para explicar algo óbvio'' (no caso, sutilmente isso atribuí isso só a homens, quando elas que fazem isso com maior frequência. Tente explicar a noção de testes pra uma mulher e verá ela não deixando você nem falar). Até noção de ''lugar de fala'' são exemplos de como se pode usar uma fala que carrega conotação emocional para colocar a moral contra a razão, evitando assim uma argumentação lógica e fria a qual ela perderia. Então se usa o ''lugar de fala'' pra não ser questionada e dissimular a vontade. No livro ''o que é psicologia social'' a autora explica muito bem como os significados atribuídos a uma palavra podem ser usados para criar esse feito.

Como se preparar para a retórica feminina?

A palavra-chave é ''preparação e improviso''. Via de regra, não tem como estar preparado pra qualquer situação de forma geral. Isso porque as mecânicas da retórica são as mesmas dos testes usados no flerte. Cada tipo de retórica vai exigir um tipo de resposta especifico para aquela situação. Então, dada a quantidade de argumentos possíveis que são virtualmente infinitos, não é possível catalogar todos aqui. O que você pode fazer é entender a mecânica geral, conhecer as mais comumente usadas e ter algumas respostas coringas para situações comuns.

Para quem quiser saber mais sobre retórica. As obras do filósofo Schopenhauer, em especial ''a arte de ter razão'' se dedicam muito a isso. E na obra de Nessahan Alita, ''como lidar com mulheres'' ele faz um compilado de situações específicas comuns, como quando ela quer sair de roupa curta e te chama de controlador ou quando quer sair com amigas para lugares inapropriados e tenta dizer que faz isso porque você é tedioso, entre outras inversões de lógicas. Isso também conta como testes de dominação da relação, alguns deles já foram abordados no capítulo desse livro referente a testes na relação, então já fornecemos nesse capítulo algumas respostas coringas pra quando a retórica vem em forma de teste.

Também convém assistir ou aprender com canais de conteúdo Redpill e Mgtow (movimentos para os homens, assim como feminismo é para as mulheres), onde é possível aprender mais sobre.

Agora vamos ensinar como reagir a essa retórica para que esteja desde já minimamente preparado.

Como criar respostas coringas e reagir a retórica feminina?

Quando for dialogar com uma mulher que usa retórica, você teria que usar emocional contra ela, pois ela não vai pensar usando lógica. Então tente instigar culpa, medo de perda, até ser firme e dar a ela a sensação que está pisando na bola contigo serve. Mas nada de se fazer de coitadinho, as dinâmicas de mecanismos de valor ainda estão presentes aqui.

Algumas formas de fazer isso são frases que podem instalar essas emoções nela, independente de qual argumento ela use. Já que os argumentos dela são com emoções e não com lógica, como te chamar de algum nome repudiado como ''machista'', criticas seu valor social (como o fato de não ter alguma característica física valorizada ou não ser pré-selecionado), até mesmo começar a chorar ou te culpar por algo que ela é claramente culpada. Então, você fará o mesmo, instalará emoções ruins, para que as emoções dela pare a retórica.

Algumas falas que você pode usar são:

Olhar nos olhos e dizer ''Achei que você era diferente, estou decepcionado'', isso faz ela sentir que está perdendo em competitividade feminina (pra outras mulheres) e causa o medo de perder também. Veja bem, ela queria te dissimular, não colocar a relação em risco. Vai perceber a merda que fez e se arrepender na hora. Faça ela se sentir culpada. ''Achei que você queria uma parceria pra nós, pelo visto não'' ou ''achei que me respeitava, mas você só pensa em você, estou cansado''.

Você pode dar na mesma moeda, se ela quer sair ''Ta bem, estou indo pra boate então, se você pode, eu posso'' (use isso se ela quiser fazer algo menos vulgar que te causa ciúmes. A ideia aqui é, de que se ela não se importa com o que você sente, você também não precisa se importar com ela. Se ela exige mais liberdade, exija mais liberdade que ela).

''Discuta com minha mão/parede/cachorro (qualquer coisa), vai te dar mais atenção do que eu'' Use quando ela quiser brigar sem motivo. Isso mostra que você não é atingido pelo humor dela, tão pouco tem medo dela. Como descrevemos nos testes das relações, as vezes ela quer dominar, medir forças, e você ignorar ela dessa forma em momentos que ela tenta te subjugar, isso mostra que você a domina e que é mais forte emocionalmente que ela. Ah, claro, ela vai ficar puta da vida com você, mas não se preocupe, é parte do processo. Quando a raiva passar, vai notar que ela estará bem mais carinhosa.

''Eu vou repetir, já que você não entendeu, (fale firme, calmo, olhando nos olhos) já tomei minha decisão e é essa! Você vai ainda quer brigar?'' É muito comum mulheres tentarem mudar alguma característica sua, fazer você mudar de opinião ou qualquer coisa assim só pra medir forças. O mesmo princípio do teste. Quando nota que você é firme e não é fácil de manipular, ela desiste. Se conseguir não ser atingido por ela, você se torna muito mais atraente. Essa mesma fala pode ser realizada de outro jeito, como um ''eu sou assim, não vai ser você que vai me mudar'' ou qualquer jeito que mostre que é irredutível. ''Não vou aceitar isso'' também se aplica.

Ah, claro, ela sempre pode jogar o pedra ''se não for do meu jeito, pode terminar''. Você tem que estar preparado pra isso. Inclusive para perder ela. Ironicamente, se mostrar medo de perder ela e fazer do jeito dela, ela vai ficar feliz no momento, mas perderá atração e quase certeza que futuramente a relação vai acabar. Parece contra intuitivo, mas se for duro aqui cogitando sim terminar, tem muito mais chance dela mudar de ideia quanto a terminar a relação, e ela própria se adequar aos seus valores em vez de exigir o inverso.

Dito tudo isso, acredito que com essas respostas coringas você já deve estar preparado para a maior parte das situações ou ao menos conseguem adaptar essas falas pra reagirem a situações específicas. Além de ter entendido a lógica geral de como anular a retórica, o que te permite avaliar de forma intuitiva como reagir em momentos específicos.

Uma observação: Mulheres exceção e as que definitivamente são a regra.

Por último, vale a pena um comentário. Quase todas as mulheres usam retóricas (o que é uma lástima), mas é um inferno ainda maior viver com uma que faz uso disso frequentemente, pois essas vão tentar te controlar e te humilhar pra tudo, pois essas já tem experiência no jogo da dissimulação. Então é fácil pra ela derrubar seu valor e sabotar a própria relação no processo. Convém fugir dessas garotas e não começar uma relação com elas é o pior arquétipo possível pra se namorar.

Geralmente esse tipo são as mais rodadas (como citado no capítulo de problemas frequentes, há um tópico específico pra isso), as feministas e demais progressistas (porque essas internalizaram de mais as regras dos movimentos, então vão tentar proteger o pensamento do movimento a todo custo, mesmo que signifique não considerar os sentimentos do parceiro).

Felizmente, para a retórica há sim ''mulheres exceção''. Pelo menos pra esse traço feminino. E há um meio fácil de identificá-las. Há um teste psicológico chamado MBTI, que é um teste feito em forma de um questionário estruturado. Que o participante responde e ao final, o teste revela seus padrões principais de comportamento (estilo, formas de pensamento, gostos, linhas de raciocínio, escolhas pra resolver problemas, pontos fortes e fracos, etc). Esse padrão comportamental da pessoa, é revelado em uma sigla que demonstra os 4 pilares principais da personalidade da pessoa, o que cria sua equação padrão de comportamento. Esses pilares da personalidade, se combinam em 16 personalidades sustentados por 4 pilares cada.

O teste MBTI não é considerado científico apenas porque há um conjunto de variáveis que interferem no resultado. Como o desejo de influenciar o teste, o humor do participante no dia e outras variáveis. Todavia, o conjunto final do teste (as estruturas finais) e o nível de precisão realmente são válidos. Vamos lembrar ao leitor que o que define algo como científico ou não, não é sua veracidade, mas o método usado (observação, experimentação, replicação, e controle de variáveis). E teste MBTI só foge a critério por não poder controlar as variáveis. O que é bom, graças a isso a população tem acesso por meio da internet, e você pode facilmente brincar com uma garota pedindo pra ela fazer (apesar de testes de internet não serem muito confiáveis). Todavia, ela nem precisa fazer o teste. As estruturas finais do teste são tão obvias, que só conhecendo os tipos de personalidade e conhecendo a garota se torna fácil deduzir qual das 16 personalidades ela pertence.

Todavia, o que nos interessa aqui é a mulher exceção que não realiza retórica ou a realiza pouco. Mulheres do tipo de personalidade INTJ, essas não tem costume de fazer retórica sempre ou até não o fazem, algumas apenas sobre pressão. Os pilares e características da personalidade INTJ são:

I – **I**ntroversão: Normalmente se energizam quando estão isolados e pensativos;

N – i**n**tuição: Trabalham melhor com informações teóricas e abstratas, interpretando a realidade que os cerca.

T – Razão (**T**hinking): Lidam melhor com a lógica. Por isso são mais racionais que emotivos.

J – **J**ulgamento: Preferem viver de planos, em uma vida mais estruturada.

Pessoas dessa estrutura não se curvam a ''autoridade'' de quem disse um argumento, tradição, frases de impacto, moralismo, sentimento de coletividade não os afeta, apenas a lógica que os rege. Se uma ideia fizer sentido, elas a aceitam (não importa que seja um pensamento de Hitller por exemplo), se não tiver sentido, até Deus é colocado em cheque sem pensar duas vezes. Tem sede de conhecimento, então buscam informações e diferentes tipos de conhecimento a todo instante. Privilegiam o conhecimento empírico, experimental e prático. São pragmáticos, e consideram que a lógica deve subjugar a emoção. Por isso não fazem retórica, ser emotivo em vez de racional e uma humilhação pra esse tipo de pessoa. E essas pessoas odeiam sentimentalismo, costumam ficar irritadas com quem se move por emoção. Respeitam o conhecimento acima de tudo, e tem mais respeito e admiração porque quem não está dentro dos pensamentos das massas. Preferem trabalhar sozinhos e se orgulham das próprias capacidades. Costumam ser introspectivos e pouco espontâneos. Preferem trabalhar com a mente do que o corpo. Alimentam gostos que melhoram seu intelecto, como xadrez, leitura, filosofia, etc. Tenha em mente que dificilmente sutilezas manipulativas como as citadas a cima funcionam nesse tipo de garota. Se quiser, ter o respeito desse tipo, tenha mais conhecimento que ela e debata usando a lógica enquanto ela usar a lógica. Use a quebra de retórica só se ela usar retórica. Essas são o melhor tipo pra se relacionar, mas pra conseguir, seu próprio intelecto deve ser aprimorado.

Conhecimentos de psicologia comportamental, filosofia, psicologia evolutiva, antropologia, astronomia e história, são no mínimo, básicos.

Importante lembrar, que pessoas com essa estrutura mental representam 2% da população. E a maior parte são homens. No caso das mulheres, representam 0.8% da população.

Mulheres com certos transtornos como Autismo/Aspager também tem menor tendência ao uso de retórica porque aprendem habilidades sociais em velocidade menor, então não aprimoram essa técnica. Além de que, a estrutura cerebral delas é mais semelhante dos homens. Possivelmente a maior parte desses 0.8% com personalidade INTJ devem pertencer a essas mulheres com autismo.

Mulheres tímidas ou inexperientes também não têm muito de retórica em seu arsenal já que não conseguem se impor facilmente e não desenvolveram um artifício tão complexo. Um dos motivos porque homens odeiam mulheres rodadas e preferem as recatadas é justamente por isso. Elas dissimulam menos, então a relação é mais agradável.

Sobre a mulher fria ou rodada. Porque é um problema?

Há vários arquétipos de mulheres por ai. Todavia há algo que se deve ter particular atenção. Perceba que os testes que as mulheres aplicam, além de um reflexo evolutivo, também se aprimoraram pelas experiências sociais que as mulheres têm. Logo, quanto mais experiência ela tem, mais problemas são trazidos para relação. O que justifica o fato de homens não gostarem de mulheres ''rodadas''.

O que acontece é que uma mulher que ficou com muitos homens, já se libertou dos tabus impostos, então ela sabe que pode ficar com muitos homens ou com o homem que quiser. Inversamente a isso, via de regra, o homem não tem esse mesmo poder de sedução, a menos que tenha aprimorado suas habilidades sociais.

Então mesmo que o homem não demonstre em nenhum momento os mecanismos inversos de atração. O poder da relação sempre penderá pro lado dela.

Vamos comparar... o que ocorre com um homem que tem valor elevado e pode ficar com qualquer pessoa? Ele não tem medo de perder a parceira porque sabe que pode conseguir outra. Ele pode impor os limites que deseja, pois a parceira está mais apegada, a parceira vai se dedicar mais (não porque ele é frio, mas pra manter esse status), então por consequência... Ele vai se apegar menos, não vai aceitar qualquer coisa que o desagrade, vai poder por as regras que quer, e coisas do tipo.

O mesmo pra mulher... Mas vamos lembrar que mesmo as que não são rodadas já são habilidosas em dissimular, instrumentalizam o ciúme masculino, usam os testes pra ficar por cima e te moldar como ela quer. E como foi dito no sobre o equilíbrio de poderes, se uma mulher domina a relação, a relação se torna entediante pra garota (justamente pela noção do que elas consideram um homem atraente), logo ela perde o desejo e procura outro homem. Não significa que ela necessariamente vá te trair. Uma mulher rodada pode ser fiel, mas elas enjoam mais. Sabotam a relação tentando dominar o homem, para perder a atração por ele e procurar outro. Por isso elas não param com um homem só.

Mulheres assim vão exigir muito e se doar pouco na relação. Vão se apegar menos. Terminaram por pouca coisa. Vão dissimular mais com jogos mentais para te fazer sentir culpado, retórica, chantagens de terminar, greve de sexo, e todas essas todas essas técnicas de dissimulação. Fora que aceitará bem menos suas imposições, as vezes estando disposta a terminar caso não deixe ela te controlar. É importante que não tenha medo de perdê-la, do contrário vai ser como todos os outros que se deixaram dominar e por isso perderam o interesse. Todavia, você precisará ter valor o suficiente para prendê-la a você, do contrário é um beco e ela terminará da mesma forma.

Resolvendo problemas Gerais.

As vezes a garota para de querer sexo, começa te tratar com frieza, começa te tratar mal, anda mais estressada e sem paciência, faz coisas que te desrespeitam ou sabe que não gosta, etc. Quando isso não é um teste para ver o quanto seu orgulho é pisoteado antes de você tomar uma atitude (e aqui convém se impor, falar o que pensa de forma firme como foi citado em capítulos anteriores), possivelmente você quebrou um dos polos, então convém uma avaliação de como anda a relação e consertar o polo que você quebrou.

Perceba que a maior parte das questões de relacionamentos podem ser resolvidas dessa forma. Todavia, relacionamentos são subjetivos e cheios de variáveis, não se apegue apenas ao que é dito aqui, e considere variáveis não escritas.

Também lembre que a maior parte das mecânicas são inconscientes, então mesmo que ela diga que a questão não é uma das descritas aqui e coloque a culpa em outra coisa, essa é a só a avaliação racional dela, já que ela não tem acesso as mecânicas inconscientes. Por via das dúvidas, pondere ambas. A mente racional dela também deve ser considerada.

O que pode ter ocorrido na relação então e o que você pode fazer para concertar problema de forma geral é:

Você perdeu o valor pra ela: Essa é a mais provável em quase todas as situações. Para um homem que elas consideram como valioso, as mulheres se tornam submissas e dedicadas voluntariamente. Então... se você perdeu valor... Você provavelmente caiu nos testes dela, demonstrou ciúmes e insegurança, deixou ela te dissimular, parou de se impor e deixou ela te tratar mal aceitando tudo calado, foi demasiadamente romântico ou carente (mostrando necessidade de aprovação e medo de perda), deu a ela a sensação que tem poder sobre você (que você não ficaria bem sem ela). Fora isso, você deve ter demonstrado alguns dos mecanismos inversos de atração citados ao longo do livro (falta de pré-seleção, falta de fartura, baixa sociabilidade, se intimidou com outro homem, vigor ou saúde física debilitada, etc).

Obviamente você corrige mostrando o inverso, sendo firme não aceitando ela te tratando mal (não tenha medo de magoar, se ela o estiver fazendo primeiro), dando provas sociais (dos mecanismos de valor), não sendo afetado por jogos mentais (se ela ficar emburrada no canto em greve de silêncio deixe-a até ela te procurar), etc.

Faça uso de todas as técnicas aqui dispostas para ganhar atração novamente. Ser imprevisível, empurrar e puxar, extinção (essas duas últimas é ótimo pra fazer ela investir mais em você), faça tudo descrito no tópico sobre como gerar emoções, usar linguagem emocional com mais frequência, ser mais dominante, mais confiante, tomar a frente, ser autossuficiente e menos carente, a condicione com punição e recompensa pra modelar os bons comportamentos, etc.

Atenção a este tópico releia eles várias vezes e observe cada palavra, releia os capítulos citados para ter certeza que entendeu. Quase sempre essas são as chaves pra resolver quase qualquer problema de relacionamento.

Você quebrou o conforto: Já citamos sobre como criar conforto e o que o quebra. Todavia na hora de reconquistá-lo convém dar provas de que ela pode confiar em você, fazer ela se sentir segura da relação, se possível consertando o que fez de errado, e se fez merda, pare de dar desculpas, admita que errou olhando-a nos olhos e tendo uma conversa franca sobre o seu erro e o que pode fazer para corrigi-lo.

Estresse: Talvez simplesmente ela anda estressada. Trabalho, alguém chato da família azucrina muito ela, vocês dois estão passando por problemas financeiros, etc. O cansaço se acumula e o corpo assimila o estresse a você. Simplesmente você tá na linha de fogo no momento errado. Se for o caso, apenas crie memórias novas, mais relaxantes, precisam de um tempo sós pra vocês mudarem os ares. Mas se houver algum estresse contínuo, como alguém se intrometendo na relação, contas pra pagar, etc, tire esse estresse do seu convívio o máximo possível ou evite colocar essa carga nela. Qualquer tensão dela será atribuída a você e ela passará a ver você como alguém desagradável. Na análise do comportamento o termo pra isso é ''comportamento supersticioso'', quando você é condicionado a um estímulo que não tem relação o que está sendo condicionado (ela sendo condicionada a ver você como alguém desagradável porque está vivendo uma fase financeira ruim ou tendo estresse no trabalho por exemplo).

Cause medo de perda: Caso ela comece ser muito desleixada ou fria com você, comece a levar ela nos lugares e dar provas sociais pra que ela veja que você é sociável. Use o flerte indireto pra conquistar mulheres na frente dela. Ela vai perceber que as mulheres estão interessadas, mas não vai perceber seu jogo (até porque o flerte indireto é sobre mostrar desinteresse). Da mesma forma, comece a se aproximar mais do que necessário de alguma amiga. Ela vai se sentir ciúmes. Vai brigar. Mas ela não é burra. Ela sabe que você está se aproximando de outras porque estão num momento ruim. Ela vai tentar consertar isso. Na verdade se ela vier brigar, você ainda pode dizer que você é fiel, mas está fazendo amizades com outras pessoas juntamente porque a companheira que você tem em casa não te trata bem (não dê a ela a chance de discutir pois ela vai te por como vilão). Diga que se ela for discutir só vai piorar, e que naquele momento você quer paz. Saia e deixe ela falando sozinha. Quando ela acalmar ela vai lembrar do que disse. Todavia, muita cautela, se usado no momento errado ela usará isso como desculpa pra terminar a relação. Então só o faça se sentir que ela ainda lhe dá muito valor.

Ela não querer sexo: Obviamente se perdeu conforto, e se perdeu atração, você está previsível ou sem emoção, ela não vai querer sexo, então verifique isso primeiro, o que falta. Porem pode ser sua abordagem que ela não está aceitando. É muito comum após estarem namorando os caras acharem que por estarem na relação já tem um passe ''sexo gratuito'' e que basta pedir que ela vai dar. Mas não é assim que funciona. Mulheres precisam de emoção pra desejarem o sexo, não é porque a libido está alta que ela já vai abrindo as pernas.

Então considere como se ainda estivessem num flerte, indo do conforto ao beijo. Aproxime dela de um jeito mais safado ou dominador, falando algo no ouvindo, fazendo uma escalação de toques, ou mesmo usando uma pegada mais firme e imprevisível. Se isso não funcionar, pode ser que o que falta é conforto, então, tente ser mais romântico, ficar abraçado com ela e relembrar alguma memória, depois dizer algo romântico olhando pra ela, como a boca dela te excita, como ela é macia e sensual, ou mesmo algo mais sentimental falando da conexão dos dois. Use técnicas de linguagem emocional, escalação de toques e demais técnicas usadas no conforto. Em outras palavras, recrie o conforto antes da sedução, crie emoção e tensão sexual antes de irem pro beijo e sexo. Mesmo uma mulher em greve de sexo se for bem seduzida, ela se entrega.

Conversas francas: Nem tudo é dinâmica inconsciente, talvez tenha algo que de fato ela não gosta. Seu sexo é ruim, você está com aparência desleixada e está ''broxando'' ela, está magoada com algo, etc. Considere as respostas plausíveis dela e tenha a maturidade de aceitar seja lá qual for a crítica, mesmo que seja dura, e deixe pra ela bem claro que você não vai se irritar. Se irritar só mostra sua insegurança e incapacidade de lidar com os problemas, por outro lado, ouvir ela permite ter a possibilidade de resolvê-los.

Reforço concorrente: Considere que ela pode ter encontrado outro homem de valor maior que o seu, então como você já deve supor se entendeu o livro, o foco dela vai ir pra esse e perderá atração por ti aos poucos. A sua solução é sutilmente separar ela dele de alguma forma e fazer de tudo pra recriar os polos da relação pra manter o desejo dela por ti. Alguma memória nova de grande impacto ou alguma demonstração de valor de grande magnitude faria ela focar mais em você no que nele.

Algumas palavras sobre ''Romantismo''

Como o romantismo existe tanto no flerte quanto nas relações, use esse tópico e o aplique como achar melhor. Deixamos esse tópico para o final, porque é necessário conhecer a dinâmicas anteriores para aplicar a dinâmica do romantismo corretamente.

Todo homem já deve ter ouvido que as mulheres gostam de homens românticos. Daí o homem decide pegar dicas de romantismo das próprias mulheres e acabam levando foras (por vezes da própria garota que deu o conselho). E se flertou o suficiente percebeu que quando não era romântico tinha ainda mais resultado. E ainda assim as vezes a própria parceira ainda reclama que ele devia ser. Afinal, devemos ser românticos ou não? E se sim como?

A resposta é sim. Mulheres gostam de romantismo. Até mesmo as que acreditam que não gostam. Mas… Esse romantismo só pode ocorrer sob uma chuva de condições. Elas não conhecem essa condição sobre si, e por isso não puderam falar pra você. O resultado é que se seguiu o conselho delas, você provavelmente quebrou as condições pra ser romântico. Perdendo atração.

As condições para ser romântico.

O Valor

As mulheres querem que os homens sejam românticos. Mas só os quais elas já se sentem atraídas. Os que já têm valor com elas. As mulheres querem que o príncipe seja romântico, não o sapo. Então entenda que antes de ser romântico você precisa construir atração. O que implica justamente o inverso de ser romântico (usar ironia, ignorar, demonstrações de valor, não reatividade, sociabilidade, pré-seleção, etc). Vamos lembrar que você não mostra interesse nela enquanto faz as demonstrações que geram atração (logo não tem como agir romanticamente, a menos que você seja muito criativo). Depois de demonstrar valor, ela começar a ficar interessada pelo seu comportamento. Ai sim você pode começar a mostrar seu interesse por ela (e usar romantismo).

O momento.

Quase sempre quando você chega num flerte. Você não tem atração ou valor com ela. Logo, se tentar ser romântico de cara, fazendo elogios, tentando forçar um laço afetivo. Você soará carente e invasivo. Mais do que isso, romantismo é um aspecto do conforto. Mais especificamente o final dele, que leva ao clima sexual (que antecede o beijo).

Então o romantismo deve ser uma arma pro final do flerte. Da fase do conforto até o beijo.

Também pode ser usado no pós sexo pra evitar o remorso (citamos que elas podem sentir as vezes).

E numa relação pra construir memórias e solidificar o afeto de vocês.

Durante as preliminares pra deixar a garota mais à vontade.

E ai vai. Mas sempre do conforto em diante (após a atração concluída).

Resumindo. Romantismo tem a função de fazer vocês se conectarem emocionalmente pra facilitar todo o processo ou intensificá-lo.

O equilíbrio de poderes.

Veja bem. Romantismo deve ser usado quando você que está com o poder em mãos. Não quando ela está. É para solidificar a conquista já feita. Entenda que se feito no momento errado, a garota só vai ter seu ego massageado e se sentindo mais empoderada. Vendo você de cima para baixo. Porque muitas mulheres dizem gostar do cara já chegar elogiando? Porque aumenta o orgulho dela, não porque vai achar o cara charmoso. Por outro lado se o cara que ela anseia uma migalha de atenção começar a ser romântico, ela vai dar pulos de alegria. Então atente-se quem está atrás de quem.

Você pode inclusive punir ela bastante, pra só então ser romântico. Você vai estar dando água pra quem está com sede.

O tipo de romantismo.

Agora o ponto chave que quase todo homem falha miseravelmente ao tentar imitar esse arquétipo do Don Juan. Ao fazer qualquer ação romântica, algumas regras devem ser levadas em consideração.

- Não coloque ela num pedestal. O romantismo jamais deve ser feito admirando ela, pois eleva o valor dela e reduz o seu (equilíbrio de poderes).

- Jamais se foque no egoísmo do ''eu'' (''o que eu sinto'', ''como amo você'', e coisas do tipo). Isso só enfatiza sua dependência, e pra ser sincero ela não vai gostar mais de você só porque você gosta mais dela.

- Não faça em sequência (se tiver muitas ações românticas uma atrás da outra, ficará meloso e enjoativo). Romantismo deve existir em relações onde o homem sabe fazer junto empurrar e puxar.

Em vez disso...

Usar sempre ''nós''. Fale sobre como vocês combinam. Como viveram a relação. Como enfrentam juntos os problemas. Isso fortalece o laço de fidelidade.

Use o sexual no romantismo. Em vez de sentimentalismo barato, falar como ''suas bocas se encaixam, da sensação flamejante e erótica de quando seus lábios se tocam'' ou como ''seus corpos agem juntos como se estivessem sincronizados'' por exemplo tem muito mais efeito.

Evoque memórias. Evoque sentimentos. Sugestões de ''você se lembra quando'' ou ''então naquela ocasião'', você traz essas lembranças para consciência.

Evoque sentidos. Imagens e sensações táteis. Como ''Imagine nós dois numa casa no campo'' ou ''imagine o toque macio dos meus lábios em seu pescoço''.

Acrescente sugestões de como ela se sente. ''Nesse momento você sabe'' ou ''Nesse momento estamos nos dois aqui''. Dá até pra manipular a atenção e criar clima sexual dos olhares que citamos ''Nós dois nos olhando aqui, um nos olhos do outro, esse momento é só pra nós dois''.

Se for fazer algo pra uma relação. **Foque no clima** que vai gerar pros dois (iluminação, música, o conforto do lugar).

Jamais use demonstrações públicas ou juramentos de amor. Reduz seu valor, e de novo: ela é indiferente ao que você sente. Ela quer saber das emoções que você provoca nela.

Toque. Olhe nos olhos. Acaricie. Curta o momento tanto quanto ela.

Antes de ser romântico. Pense: O romantismo está exercendo a função de conectar os dois emocionalmente? Trazendo memórias, criando fantasias, gerando sensações, emoções, etc. Ou apenas está bajulando ela? Ou ainda... Você estaria usando como desculpa para aliviar as próprias emoções? Talvez até tentando manipular ela porque fez merda e agora quer pedir desculpa?
A única função do romantismo é a primeira: **conectá-los.** E a única que importa. Use pra outra coisa e falhe miseravelmente.

Resumindo: O bom romantismo é o que é feito para o casal curtir o momento e se aproximar mais (isso inclui levar ao beijo). Não para colocar ela num pedestal. Nem pra você aliviar suas tensões. E somente deve ser feito num momento onde você tem valor com ela.

E pense também. Quando você age romanticamente, você está se pondo no lugar de homem de valor (confiante, sexualmente ativo, autossuficiente, orgulhoso, pré selecionado, etc) ou de um cara carente bajulador? Ai mora o truque da coisa. A imagem que vai passar define o resultado.

Referências e indicações de material.

Em vez de uma referência ao estilo ''referências científicas'' vou optar por referências corridas, explicando onde muito desse conhecimento foi encontrado, e o que há de a mais em cada uma para o que o leitor possa explorar mais esse mundo do comportamento.

Mistery Method

Essa obrado foi feita pelo autor Erik Von Markovik, conhecido como Mistery, considerado muitos como ''o homem mais sedutor do mundo''. Mistery criou todo um sistema que permite entender como se seduz e conquista alguém. NEG, os mecanismos de valor (evolutivos), as fases do flerte (abertura, atração conforto, sedução), empurrar e puxar, moxie (energia fria), são todas tiradas dessa obra. Importante notar que o método do Mistery foi testado e aprovado por milhares de homens ao redor mundo, inclusive de forma filmada o que fornece uma prova empírica do método. Além disso, suas teorias estão de acordo com muitos elementos das ciências comportamentais e da psicologia evolutiva.

**Sexual Key e Secrets of Speed Seduction
(são duas obras).**

O livro sexual key é uma obra do autor J.D. Fuentes. Secrets of Speed Seduction é uma obra do autor Ross Jeffries. Importante lembrar que Ross Jeffries é um especialista em hipnose e um dos maiores estudiosos de sedução da atualidade (se equivalendo ao Mistery). Ambas as obras são focadas em técnicas de linguagem emocional, PNL, hipnose, linguagem subliminares, driblagem e reconstrução de auto regras aplicadas a sedução. Suas técnicas foram desenvolvidas de forma científica e em ambiente acadêmico antes de serem aplicadas na prática, o que dá mais confiabilidade para o material. As técnicas básicas de linguagem emocionais citadas nesse livro são tiradas daqui. Quem desejar aprender de forma mais profunda em toda sua complexidade que não caberia nesse livro, pode recorrer a essas obras.

Ciência e comportamento humano e Princípios básicos da análise do comportamento.

Respectivamente, a obra de B.F Skinner, fundador do behaviorismo radical o que gerou a ciência da análise do comportamento (a teoria comportamental mais rigorosa e empírica da psicologia) e a obra dos autores Moreira e Madeiros, que é uma obra de referência científica quando se trada de estudo rigoroso de análise do comportamento. Ambas as obras falam sobre condicionamento, funcionamento do comportamento e mente humana, escolhas e afins. A técnica de punir e recompensar, extinção, reforço concorrente, limiar de autocontrole, são todas retiradas dessas obras. Contudo isso não representa nem 10% do que está ali contido. Existem outras centenas de técnicas e questões referentes a mecânica do comportamento humano que podem ser aprendidos ali caso o leitor deseje algo mais complexo. Retiramos do livro o que melhor se aplica a relacionamentos ou é mais facilmente aplicado sem conhecimento profundo da teoria.

Comportamento verbal

Outra obra de B.F Skinner, mostra todas as técnicas anteriores agora aplicadas ao mundo interno, ao pensamento, incluindo impacto da linguagem. Além de tudo citado nas obras anteriores, também daqui foi retirado as noções de comportamento regido por regra e autoregra. Embora o autor não aprofunde tanto quanto nesse livro as nuances das autoregra, o funcionamento descrito aqui nesse livro pode ser confirmado na obra de ''princípios básicos da análise comportamento'' ao se estudar efeitos colaterais da punição, condicionamento reflexo, comportamento de fuga/esquiva e demais nuances e aplicada as noções de comportamento regido por regra e autoregra. Autoregra é um comportamento demasiadamente complexo, onde é necessário compreender as equações comportamentais anteriores para ser entendido. Já que na análise do comportamento as diferentes equações se somam para encontrar novas equações.

A arte de ter sempre razão

Obra do filósofo Arthur Schopenhauer, ele descreve sobre o uso da retórica, suas armadilhas e formas de revertê-la.

A obra ''O que é psicologia social?''
Nessa curta obra de menos de 90 páginas, se descreve sobre uso linguagem ao dissimular uma pessoa, porém, mais aplicada ao uso da psicologia social e em contexto político. O que pode muito bem usado em conjunto com a obra do de Arthur Schopenhauer.

Nassahan Alita - Como lidar com as mulheres

Essa obra focada em estudar o comportamento feminino, em especiais seus testes. Há um compilado de todos os testes femininos mais comuns e as nuances de como lidar com eles. Embora algumas das falas de Alita soem drásticas, muito do que ele disse assim como Mistery foi testado por milhares de homens ao redor do mundo (há comunidades dedicadas a isso), o que também comprava sua veracidade. Além do mais alguns autores mais científicos como David Buss (PHD em comportamento evolutivo) e Esther Villar, psicóloga, socióloga e médica (uma mulher atuante contra os movimentos feministas), tem falas semelhantes as suas.

Todas as obras de dos autores David Buss e Esther villar

Ambos os autores fazem um estudo bem profundo sobre comportamentos humanos aplicados a relações e sexualidade. Numa grande quantidade de obras e de forma rigorosamente científica. Os mecanismos de valor atrativo (evolutivos) e diferenças de dos comportamentos masculinos e femininos podem ser estudados mais a fundo em suas obras. Recomendo fortemente que o leitor explore as obras de ambos, terá um tesouro em mãos. Muito das ideias gerais desse livro vem desses autores, até mesmo a criação que inspirou esse livro, obras dos autores, Alita e Mistery, tiveram base neles.